本书为国家社科基金项目"外籍人口在中国的城市融入研究"的
阶段性研究成果

外籍人口在中国的城市融入研究：
以上海为例

朱蓓倩　著

Immigration Integration in
Chinese Cities: A Case Study of Shanghai

经济管理出版社
ECONOMY & MANAGEMENT PUBLISHING HOUSE

图书在版编目（CIP）数据

外籍人口在中国的城市融入研究：以上海为例 ／ 朱
蓓倩著. -- 北京 ： 经济管理出版社，2024. -- ISBN
978-7-5243-0005-2

Ⅰ．D631.42

中国国家版本馆 CIP 数据核字第 20245C2T61 号

组稿编辑：杨　雪
责任编辑：杨　雪
助理编辑：王　蕾
责任印制：张莉琼
责任校对：蔡晓臻

出版发行：经济管理出版社
　　　　　（北京市海淀区北蜂窝 8 号中雅大厦 A 座 11 层　100038）
网　　址：www. E-mp. com. cn
电　　话：（010）51915602
印　　刷：唐山玺诚印务有限公司
经　　销：新华书店
开　　本：720mm×1000mm/16
印　　张：12
字　　数：175 千字
版　　次：2024 年 12 月第 1 版　　2024 年 12 月第 1 次印刷
书　　号：ISBN 978-7-5243-0005-2
定　　价：88.00 元

序　言

在 2021 年的中国人口学年会分论坛上，一位学者在报告我国外籍人口研究时，把朱蓓倩博士作为中国研究外籍人口的代表人物，对她的研究成果进行了介绍。当时，我主持这个分论坛，深知朱蓓倩博士的学术成果有一定的影响。的确，朱蓓倩博士一直很努力，在学术上也很有追求。她在华东师范大学取得了博士学位，并获得了国家奖学金，同时，获得了学校优秀毕业生的称号。毕业后，在上海的一所高校工作，并以国家公派访问学者的身份到美国纽约大学研究和学习一年多。在不懈的努力下，朱蓓倩博士取得了丰硕的研究成果，且获得国家社科基金立项，研究成果多次受到省部级及更高级领导的肯定性批示，还获得多项省部级科研奖。

本书是她在博士论文的基础上，增加了许多新的数据和观点，并进行了系统的整理和完善而形成的。本书有许多突出的特色和鲜明的观点，如提出了"人"与"城"和谐共进理论观点。传统的城市融入理论中"同化论"难以解释外籍人口城市融入，其应属于"多元论"范畴。本书在"多元论"基础上提出了全球化与国际大都市发展中"人"与"城"和谐共进的国际移民城市融入新范式。本书科学构建了外籍人口城市融入评价指标。针对我国外籍人口特征，从心理需求、经济整合、行为适应、文化认同、社会建构、制度接纳六个维度，设计了外籍人口城市融入测量评价体系。同时，用贝叶斯结构方程模型分析外籍人口城市融入影响因素，以解决外籍人口异质性高的问题。通过研究，创新性地探讨上海外籍人口中不同受教育程度、不同居住时间群体的城市融入，以及与本地人关系等主题。评价指标体系中的维度设立具有针对性，模型构建和所得观点较契合来沪外籍人口特有的群体特征。本书总结提炼了外籍人口城市融入的基本特征，在控制其他变量后，受教育程度对心理需求产生负向影响，对行为适应和社会建构起正向影响，说明人力资本有助于外籍人口构建社会网络及行为适应，但不能满足其心理需求。居住时间对外籍人口经济整合存在正向影响，却并未对社会建构、文化认同和制度接纳产生正向影响。本书以空间差异角度分析省市和区域间城市融入影响因素的差异，在科学系统地构建指标的基础上，运用空间计量模型对外籍人口城市融入进行精细化研究，将 GIS 方法引入城市融入的研究中，有助于更好地测度其在空间上的分异，通过构建空间误差模型和空间滞后模型，能够更深层次地挖掘城市融入的影响因素，为各地方政府制定相关政策提供依据。

本书的研究成果丰硕并发展了国际移民社会融入和迁移理论。全球经济与国际大都市发展赋予国际移民社会融入理论新内涵，传统经典的社会融入理论和国际移民迁移理论对我国外籍人口研究的适用性和解释力有限，本书构建了符合中国经济社会状况的外籍人口社会融入范式和评价指标，对在沪外籍人口进行差异化与类别化分析，掌握不同跨境流入群体的决策差异，以及不同类型外籍人口社会融入行为规律，丰富和深化经典的国际移民融入和迁移理论体系。在推进全面建设社会主义现代化国际大都市背景下，上海如何打造更具吸引力的外籍人口发展生态，精准施策，充分发挥外籍人口在建设社会主义现代化国际大都市中的作用，是非常值得研究的问题。本书的研究成果可为政府解决重要现实问题提出针对性的对策建议，有助于实现"吸引、留住和用好"外籍人口。

最后，祝愿朱蓓倩博士在未来的学术研究中取得更加丰硕的成果！

高向东

2024 年 4 月 27 日

目　录

第 1 章

绪 论

1.1 研究背景及意义

1.1.1 研究背景

外籍人口的城市融入对一个城市的经济全球化、文化多元化、人才国际化等具有重要意义。国际移民组织（International Organization for Migration，IOM）发布的《世界移民报告 2022》指出，世界移民数量已达 2.81 亿，以每年 2%的速度迅速增长，并以亚洲人居多。国际人才全球化流动格局深刻变革，世界各国政府纷纷应对全球人才竞争，不断寻找吸引和留住人才最有效的办法。2020 年国际移民迁移流动更加频繁，国际移民全球化流动格局与全球经济格局深度调整。围绕科技、资源、文化、市场、人才和国际规则影响力的竞争趋于白热化。外籍人口的迁移流动、城市融入等问题得到广泛重视。

同时，共建"一带一路"倡议为构建人类命运共同体提供了实践平台，促使中国成为具有吸引力的迁入国。2020年9月，习近平总书记主持科学家座谈会，强调指出，人才是第一资源，要面向世界汇聚一流人才，吸引海外高端人才。当今世界的竞争说到底是人才的竞争。国际人才的竞争加剧，更需构建集聚全球优秀人才的科研创新高地，完善高端人才、专业人才来华工作、科研、交流的政策和机制。但是，人力资源总量庞大、高端精英人才供不应求的劳动力需求供给结构性失衡深刻影响中国整体发展。如何聚天下英才而用之？第七次全国人口普查统计显示，近十年外籍人口年均增长率仅3.6%，主要集聚在中国东部沿海地区。2020年，按省级来看，云南省外籍人口数量第一，上海第二，但云南有着漫长的边境线，外籍人口主要分散在边境线处的城镇。按城市划分，上海外籍人口数第一。如何融合国际、国内人才资源，强调国际人才与本土人才资源互补，加快外籍人口城市融入，充分利用国际人才资源成为当务之急。以探讨上海外籍人口城市融入问题为突破口，分析如何吸引和留住更多的外籍人口，营造良好的工作发展及生活环境，以期为全国各城市人才高地建设提供重要的借鉴。

1.1.2　问题缘起

随着中国经济崛起和在全球经济、全球治理方面扮演越来越重要的角色，中国已经越来越难以在"全球移民"问题上置身事外。上海作为连续八年蝉联"外籍人才眼中最具吸引力的中国城市"，是中国最具代表性且具有"领头羊"作用的城市。随着中国"一带一路"建设向沿线国家和地区展开，势必引发新一轮的双向移民潮。如何更好地服务国家移民政策、健全地方管理机制、强化社区和社会网络来最小化国际移民融入中国社会所产生的预期与非预期影响，将是中国最严峻的考验之一。综观上海城市发展，研究其外籍人口城市融入问题有高远的立意。

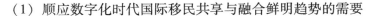

（1）顺应数字化时代国际移民共享与融合鲜明趋势的需要

习近平主席于 2013 年 3 月在莫斯科国际关系学院的演讲中首次提出人类命运共同体的重要理念。2018 年 11 月，习近平主席在二十国集团领导人峰会第一阶段会议上指出，人类发展进步大潮滚滚向前，世界经济波折起伏，但各国走向开放、走向融合的大趋势没有改变。产业链、价值链、供应链不断延伸和拓展，带动了生产要素全球流动。人工智能、物联网、区块链、5G 和元宇宙等高新技术迅猛发展，这些技术扩展了国际移民交流边界，国际移民的合作模式发生了系统性变革，线上人才流动形式呈爆发式增长，探索建立互惠互利的国际移民及全球人才生态系统是上海政府和专家共同营造的重要话题，以谋取"在地国际化"国际移民趋势中的领先位置。近些年上海构建具有国际影响力的科技创新中心，使其在资金、场地、设置和政策上趋于完善，推动科技创新的跨国合作和技术交流也增多。上海不断加大投入，建设科技创新平台和基础设施，然而在吸引和培育高水平的科技创新人才，并保留这些高效能的人力资源方面始终是科技创新建设中的薄弱环节。上海营造人才共享和城市融入的良好生态环境依然彰显其重要性，其在"择天下人才而用之"的路途上任重道远。

（2）响应社会主义现代化国际大都市发展的时代要求

上海正逐渐成为世界各地人才施展才华、创新创业的热土。尽管《上海市建设具有全球影响力的科技创新中心"十四五"规划》显示，在沪工作的外籍人口为 21.5 万人，占全国的 23.7%；在沪两院院士达 178 人，居全国第二位；对外发放高端人才工作许可证约五万份。然而，这些国际化人才资源显然不足以满足全球科技创新中心的突破性成果和具有原创性、辐射性和影响力的科技产业领域的全面性开拓。人才既是城市发展最重要的资源和生产要素，也是上海建设社会主义现代化国际大都市的重要支撑。与纽约、新加坡等国际大都市相比，上海对高端移民的吸引力较小，海外人才占比较低。这与上海市

"科技创新人才战略"未来发展目标存在较大差距。上海要加强促进国际人才聚集，以从政策法制环境到人才发展的体制机制为切入点，以促进外来人口融入城市发展为理念，建造有利于海外人才发展的环境，吸引和留住国际人才，建设高水平的国际人才高地。

（3）满足全面释放"人才红利"的国家战略需求

上海市卫生健康委员会披露的数据显示，截至 2022 年 12 月 31 日，全上海 60 岁及以上户籍老年人 553.66 万人，占户籍总人口的 36.8%。上海已步入重度老龄化阶段，这意味着年轻劳动资源短缺、"人口红利"终结。各地区政府开始意识到以更加开放的态度释放"人才红利"、整合国内外人才资源的重要性，出台了相应的人才计划，实施了各种优惠政策，以吸引和留住国际移民在本地服务。目前，广州、东莞、深圳、珠海等珠三角城市争相出台各种激励政策，以吸引和留住海外人才。人才融合政策也陆续在京津冀地区实施。特别是北京出台了多项创新发展出入境政策措施，为支持中关村科技创新中心有效利用国际人才发挥了示范效用。2016 年，中国对外国人永久居留服务管理制度进行了全面改革和创新，完善了永久居留外国人在就业、购房、子女入学、社会保险等方面的资格待遇，这既是对外籍人口管理体制的创新，也是响应"一带一路"建设的需求，反映了国际移民流动和中国人才竞争的趋势。绿卡制度本质上是为国际人才竞争服务的。这一政策的实施既符合国际化模式，也强调国际人才与本土人才资源的互补性，形成非零和竞争。该政策具有区域指向性和倾向性，对因地制宜吸引人才具有积极作用。

上海拥有久远的租界历史和海派文化，其承担着"五个中心"和社会主义现代化国际大都市的国家战略的重任，更肩负着继续当好全国改革开放排头兵、创新发展先行者的重要使命。上海外籍人口城市融入将促进上海建设人才高地，为上海城市发展提供更多动力，以响应国家创新驱动、人才优先发展战略，而把握住"人才红利"是走赢这条路的关键之处。从以上三点可见，上海外籍人口城市融入情况对上海城市发展有深远影响，研究此问题具有重要意义。一个城市的外籍人口比例显示了它能在多大程度上吸引跨国公司、国际人才和外国留学生。它不仅反映了城市的国际化程度和城市吸引力，还反映了城市的国际竞争力。此外，外籍人口已成为经济全球化的关键要素，其通过迁移、流动，参与并影响着经济全球化进程，并给日益全球化的城市的社会建设、社会管理和社会和谐带来新的挑战。目前上海外籍人口城市融入情况怎么样？是什么影响了其融入？如何提升其融入？这些问题的解答，给中国的外籍人口城市融入提供实践方面的经验借鉴，有助于上海更好地了解外籍人口，更好地管理服务，助推社会主义现代化国际大都市的建立。

1.1.3　研究目标及意义

（1）研究目标

本书从宏观、微观层面对不同居住时间、不同群体的外籍人口的城市融入问题开展系统研究，以时间和空间视角对来沪外籍人口的城市融入进行全面的理论构建和实证研究，深刻揭示在沪外籍人口城市融入现状特征、影响因素及内在根源，为中国各大城市管理、服务好外籍人口，吸引并留住外籍人才以促进中国经济社会发展，提供具有建设性的政策建议。具体目标如下：

第一，构建上海外籍人口城市融入的理论框架，为实证研究提供理论指导和依据。追溯上海移民历史和海派文化效应，补充所需构建的理论维度和要素。

第二，确立外籍人口城市融入的测量指标，确立研究维度和各维度的观测变量，利用结构方程模型确立核心测量模型和标准结构模型。

第三，揭示不同居住时间和不同受教育水平人群的城市融入特征、城市融入的模式及影响因素，特别是发达国家迁移至发展中国家的移民或精英阶层的移民，即"优势文化群体"城市融入的问题根源。

第四，解析上海外籍人口城市融入本质，深入斟酌各维度中城市融入的主要影响因素。建构符合该群体特征的不全同于"同化论"与"多元论"的理论支撑，探寻能吸引和留住外籍人才的管理服务体制机制。

（2）理论意义

从理论角度出发，本书可以丰富现有的理论研究，为城市融入理论体系和国际迁移理论体系进行补充，为在沪从业外籍人口研究提供素材，为后来的研究者提供研究思路和方法。

首先，有利于丰富和深化经典的城市融入理论体系。外籍人口是拥有广阔的视野并具有更年轻化资本和更大创造力的群体，是国际城市发展不可或缺的资本和劳动力资源。绝大多数来上海的外籍人口属于"优势文化群体"，他们不以融入居留地文化为前提，保留自己文化的非同化适应模式，并且在某些方面呈现逆同化倾向。"熔炉论"与"同化论"模式在这里失去解释效力，本书试图为目前研究较少的优势移民群体的城市融入提供新的认识，寻找新的理论支撑，进一步丰富和深化城市融入的理论内涵和理论解释。同时，在现有社会融合理论体系中，中国人民大学教授杨菊华从经济、文化、心理、行为这四个维度制定社会融合理论体系，较为全面和科学。然而城市融入评价体系必须具备针对性、客观性和时效性，本书旨在考察当前外籍人口在沪的融入程度，从研究对象的性质、特征等角度建立适用于上海外籍人口的测量评价体系，进一步丰富城市融入理论体系。

其次，有利于验证和丰富传统的国际移民迁移理论。随着世界上绝大多数国家把第一资源定位于人才资源，国际移民流动就日渐频繁。关于人口的国际迁移，最早可追溯到 19 世纪末英国人口学家 E. G. Ravenstein 的推拉理论，之后又发展起不同视角的国际人口迁移理论来解释不同角度的国际人口迁移。随着研究不断深入和跨学科视角，学者逐渐发现，人口迁移决策受社会、历史、制度等各种因素的影响，并不只受经济因素（如高收入）的影响。随着全球经济深度调整，经济全球化发展出现新动向，国际移民的迁移也受到当前新形势的冲击，而中国经济发展进入新常态，深入研究考察上海国际移民，有助于丰富传统的国际移民迁移理论，并对其在中国的适用性加以验证。

总体而言，信息时代加剧了人口的流动，近年来上海外籍人口数量随着全球国际移民规模增势而迅速膨胀。然而在移民浪潮中，现有的移民研究并没有紧跟时代的步伐，中国目前对于外籍人口城市融入的研究少之又少，仅有的一些研究则是对外籍人口的管理模式、休闲行为和国际社区等的分析，并未对上海整体外籍人员的城市融入展开调研。本书弥补了此方面的研究不足，为国际移民人口迁移和城市融入提供新的理论参考依据和相关实证数据，具有极大的创新意义。

（3）实践意义

本书在上海建设社会主义现代化国际大都市和全球科技创新中心的背景下，为提升外籍人口管理服务、吸引和留住国际人才，提供切实可行的指导建议，对城市发展具有较高的实践价值。本书的研究在实践方面的重要意义包括以下三个方面：

首先，有利于进一步完善现有的外籍人员管理制度并稳定社会秩序。研究外籍人员在沪的城市融入状况可以为上海市外籍人员管理提供思路。面对经济全球化带来的人口流动全球化，上海作为中国经济贸易中心，将吸引更多外籍人口来沪工作、学习和发展。外籍人口管理已从边缘性管理逐渐转化为重要性管理，不断规范和完善外籍人口管理制度，建立外籍人口服务管理长效机制，是目前建设国际大都市的当务之急。随着中国对外开放迈入新阶段，本书将有助于为外籍人口制度制定提供理论依据，提高外籍人口管理的可预期性。

其次，有利于进一步发挥外籍人口在上海的经济、政治、文化等方面发展中的作用。外籍人口来沪不仅是单纯的人口迁移，对上海来说更是一种宝贵的外来人力资源。上海不仅要吸引人才，更要留住人才、用好人才。外籍人口在沪工作发展有利于上海对外融入，与世界接轨。因此，了解外籍人口在沪的发展状况、融入情况，有利于更好地掌握外籍人口的需求，从而更好地在全球范围开发和利用人才，推动上海发展转向人才资源和科技创新，使上海成为海内外各类人才向往的创新创业之地。

最后，有利于避免不同种族、国度、文化之间的碰撞冲突。由于生活背景和文化差异，外籍人口来沪发展对本地人的生活状态会产生一定的影响。上海的外籍人口来自世界各地，具有多元文化、多元价值观，并形成多元的社会格局，这种状态容易导致失衡和无序，让移民迅速融入这个城市，有利于将失衡和无序变成短暂的，并最终达到均衡和有序。如何加深外籍人口城市融入程度，最大限度地减少涉外纠纷，实现互利双赢甚至多赢是各国都在思考的问题。

此外，为了紧密贴合上海的相关政策，本书通过调查外籍人口对于最新政策的看法及配合程度，如"'上海绿卡'制度实施如何？是否愿意申办？""是否了解在沪住宿登记的相关规定？"等具有实际价值的问题，为政府的相关政策制定提供最为直接的数据。

1.2　基本概念界定

1.2.1　外籍人口

外籍人口通常被称为外籍人员或外籍人士，学者研究的主要内容为外籍人口的服务与管理，文化融入和社会融合，外籍人口参与中国房贷、税收和社会保险的探讨等。学者研究具有局限性的原因在于外籍人口的文化、信仰和语言与中国存在很大差异，社会制度和管理服务就必然不同（李泽林，2011）。此外，部分学者还使用"外国人、国际移民、国际人口"等称呼进行研究探讨。其研究内容则主要集中在人口流动中的出入境管理、涉毒犯罪和非法就业，以及国际人才的交流等。以"外籍人员"或"外籍人士"为关键词的研究与这类称呼进行研究的相同点在于具体研究对象是同一群体，但外籍人口具有不同层次、不同职业、不同国度、不同种族、不同文化背景高度异质的特征。外籍人口来华居住时间也不尽相同，分为短期停留、居留和永久居留（方晔，2006）。他们从"时间的递进型"转变为"空间传动型"，主要在上海、北京、广州这三大城市中不断交融、磨合，在改变社会的同时，也改变自己。

本书从人口学角度将"上海外籍人口"界定为，在上海居住超过三个月，具有外国国籍的外国移民，本书中的"外籍人口"不包括港、澳、台地区的同胞，区分于"境外人口"这一概念。

1.2.2 城市融入

社会融合（Social Integration）、社会吸纳（Social Inclusion）、社会并入（Social Incorporation）、社会适应（Social Adaptation）、文化适应（Acculturation）、城市融合（Urban Integration）、同化（Assimilation）等均可描述外籍人口在沪的融入情况。其中社会吸纳、社会并入等词在概念建构中更强调对弱势群体的一种包容和接纳，本书通过以主观性与客观性、单向性与双向性的精心论证选取"城市融入"这一概念，作为研究的核心概念。

从主观性与客观性来看，不管是社会适应还是文化适应，都在"适应"的大概念之下，美国社会学家 Goldscheider（1983）等众多西方社会学家广泛认同的"适应"概念为："移民适应是移民对变化了的政治、经济和社会环境做出反应，不断调整自身行为的动态心理或行为的一个过程。"《社会学原理》的作者斯宾塞也指出，适应的培养和加强是通过不断调节生存的内部环境和外部环境，彼此交互活动来实现的，如个体在文化适应过程中体现在两个维度上的不同心理过程。Berry（1997）将其区分成不同的文化适应策略，分别为整合（Integration）、分离（Separation）、同化（Assimilation）和边缘化（Marginalization）四种类型。当个体注重保持原文化，并乐意与其他群体交流，此策略即为"整合"；当个体避免与其他群体交流而只保持原文化，即为"隔离"。国内学者则把"适应"更多定义为个体主观改变与适应的过程，社会适应也主要运用在心理学范畴，强调了个体根据周边环境调整自己心理和行为的主观能动性（朱力，2002）。无论如何，"适应"这一概念通常强调具有心理过程的城市适应，从概念来说，外籍人口在上海基本处于"整合"和"隔离"的城市适应过程。由于外籍人口刚进入中国，先要面临如何适应城市的生产和生活方式问题，因此，有些学者认为外籍人口在中国只能是一个"城市适应"的过程，他们需要经过一段时间的适应期，才能在社会行为、思想观念、生活方式等方面实现与本地社会的良性融合。然而，外籍人口在中国的"融合"或"融入"并不仅仅是其心理行为过程，它包含了主观感受和客观因素。客观上，社会（城市）融合或社会（城市）融入是一个复杂并具有挑战性的概念，不可避难就易，只限制于"适应"这一概念。

从单向性与双向性来看，"融入"与"融合"的区别主要在于前者被认为融入过程是单向的，后者则被认为是双向的，其理论争辩的维度主要集中在文化融合和心理融合（如身份认同）层面。文化融入的方向性与之前所提的"适应"缘由相似，这里就不再重提。国际移民研究证明心理融合存在双向性，移民对本种族的认同度较高，而对迁入地身份认同的差异性较大，其不确定性主要受移民个体特征、迁入地政策及本地市民态度的影响。因此，融合型并不一定是移民心理维度主要模式，融合只是不同文化之间双向接触的最终目标，而单向融入却是融合的基本过程之一。

如今，下列观点已经得到相关学者的共识：①"融合"或"融入"都并非只有一个维度，它包含了多个层面，是一个渐进的、互动的和多维的概念，包括政治融合、经济融合、社会融合、文化融合、心理融合以及行为融合等维度。②"融合"和"融入"都不是静态的，它们是对现状进行挑战的动态过程。"融合"是不同层面多个因素共同作用的产物，是指界限的跨越、模糊和重构（Alba and Nee，2004），它是一个过程，更是目的和结果，而"融入"仅仅是这个过程中最为基本的初级阶段。③社会（城市）融合和社会（城市）融入既具个体主观性也具城市客观性，是无法通过任何强制力量获得的。④"融合"和"融入"的过程涉及了宏观、中观和微观三个层面，宏观是指融合的整体驱动力量与趋势，中观是指融合中城市在各方面的反映，微观是指个体在融合中的效率效果。而从个体身份视角来看，一是个体作为国家公民身份，由此涉及的是公共政策及管理、制度体制、公民待遇；二是个体的社会成员身份，涉及的是社会交往、文化认同、心理归属、社会权利和社会歧视等。它们都反映了不同文化间人与人、人与社会彼此双向互动的过程。

综上所述，"融入"和"融合"比"适应"内容更丰富，它包含了差异性群体在不同历史阶段、不同国家地区之间相互适应、相互作用、互相配合，最终融合的过程，并以构筑良性和谐的社会为目标。"融入"为"融合"的基础，由于来华的大部分外籍人口来自经济较发达的国家，拥有较高的学历和较好的经济基础，基于优势群体的特征，以及东西文化和国家制度的巨大差别，他们在中国达到社会融合的状态需要很长一段时间，目前外籍人口对本地的影响力比较弱，其影响力也需要一个漫长过程才能以显现。外籍人口在中国只能属于中国城市国际化进程中最为基础或初级阶段的移民融入过程，这种"城市融入"程度将随着全球化进程而慢慢提升，外籍人口将自身发展融入个人的全球化发展中，这与上海城市发展相契合，因此"融入"被赋予更深的含义。"融入"的概念源自法国社会学教授涂尔干，包含了"社会整合"的内涵，而社会整合恰恰是维持社会凝聚力的关键，符合在沪外籍人口特征。可见，"城市融入"这一概念更适合本书，以解释外籍人口在中国的城市融入发展，以及与中国城市互动的关系。

1.3 研究方法、内容及创新点

1.3.1 研究方法

为了确保科学性，本书力求以宏观分析与微观分析相结合、理论研究与实证研究相结合、静态分析与动态分析相结合、国际比较与国内比较相结合的原则。其中，最主要的研究方法为科学运用结构方程模型的定量研究构建外籍人口城市融入评价指标体系和分析城市融入的影响因素。

（1）问卷调查法

针对外籍人员的问卷调查，采用分层抽样的抽样调查方法，以上海的各个区县作为样本单元，根据上海市出入境管理局的外籍人口分布状况资料确定调查地点和数量，调查覆盖浦东新区、长宁区、闵行区、徐汇区、静安区、普陀区、黄浦区等各个区县。为了避免调查过程中存在的语言障碍问题，以及实现样本最大的有效性，采用中文、英文、韩文、日文、俄文、德文六国语言问卷。定量研究①部分是通过上海外籍人口的调查问卷所获取的数据信息，并运用 Mplus 软件对数据进行指标建构、数据处理和分析，包括探索性因子分析、验证性因子分析、路径分析、贝叶斯结构方程模型等宏观层面对城市融入进行分析。

---

① 定量研究：以数字的形式收集材料，用变量和理论假设语言对研究现象进行表述，同时用数理统计的方法分析材料。

（2）文献资料法

本书主要从三方面进行文献资料的收集、思考和分析。第一，理论文献研究。通过对城市融入理论、国际移民理论及国内外相关文献进行查阅、汇总和分析，构建城市融入理论模型，并通过后面的实证研究进行客观性检验和修正。第二，历史资料研究。通过收集上海地方志、上海档案馆、上海统计局等资料，从上海租界的历史入手，动态分析过往的海派文化、经济发展及政策演变对外籍人口城市融入的影响及内在机理，不仅考虑上海外籍人口的现状特点，也反映历史因素影响，使历史与现实统一，动态与静态分析相结合。第三，跨国主义①研究。通过对上海国际大都市建设外籍人口迁移与融入问题的国际、国内比较，发现上海与国内其他城市的不同，并根据全球国际移民的当前形势预测其未来发展态势。从而进一步借鉴国内外经验，分析如何提升外籍人口城市融入来促进上海的经济和社会发展。时间视角上的历史回顾与空间视角上的国际、国内比较对文献资料研究赋予了"时空"的概念。

1.3.2　逻辑框架及研究内容

（1）逻辑框架

本书对外籍人口和城市融入的相关概念进行了界定，并且对外籍人口在上海的城市融入现状进行了阐述。在此基础上，通过问卷调查进行数据收集和信息获取，通过指标建构、数据分析和微观研究，探究上海外籍人口在融入社会的过程中存在的困境，并提出针对性的建议和对策，为上海市的国际化发展和国际融合相关政策的制定提供了理论和实践经验。

---

①　跨国主义（Trans-nationalism），属于 20 世纪 90 年代以来西方学术界在研究全球化问题时所采用的术语，也用于解释跨边界的人口流动。近年跨国主义成为研究移民问题时所采用的一种比较灵活而综合性很强的研究方法，以检视全球化进程中承载文化的人口流动及其相关结果。

本书逻辑框架如图 1-1 所示。

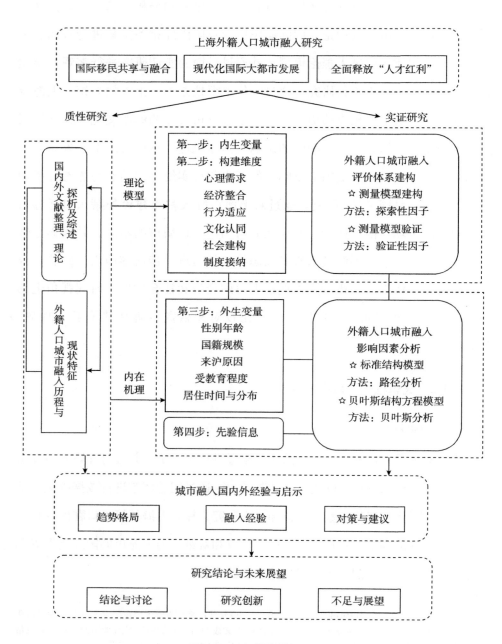

图 1-1 本书逻辑框架

（2）研究内容

本书以全球化及社会主义现代化国际大都市为背景，由上海、外籍人口、城市融入三个主要关键词组成，对不同居住时间、不同受教育程度群体的外籍人口城市融入进行理论上及数据上的探讨验证，从而为构建适合国际大都市发展、自贸区建设及全球科技创新中心建设的管理服务政策体系提供理论依据。本书的研究内容包括以下六点：

第一，上海外籍人口城市融入的理论框架构建。本部分主要是在理论综述上构建外籍人口城市融入的理论模型。从理论视角对具有主导地位的城市融入理论、确立维度的城市融入理论和构建测量指标的迁移理论三个方面进行归纳总结，并结合国外实证研究结果来构建外籍人口城市融入理论模型的维度和要素，包括经济整合与城市融入的关系、文化认同与城市融入的关系、行为适应与城市融入的关系、心理归属与城市融入的关系等多方面的内容，以及人力资本、物质资本、跨国精英政策、空间集聚与隔离等代表性要素都成为外籍人口城市融入理论模型中的重要影响因素。

第二，上海外籍人口发展历史效应及现状问题分析。本部分主要是在相关理论分析的基础上，通过历史效应和现状问题进一步完善理论模型。基于上海外籍人口不同时期的变化特征（包含人口数量、年龄性别、教育就业、来源国分布等变化），以及不同的历史条件，对上海外籍人口分布空间特征和热点进行分析，初步了解上海外籍人口空间分布的基本状况。通过对外籍人口发展的历史效应和时代特征研究，进一步补充和完善理论模型建构中的不足之处，为后面实证研究所需要的外生变量选取提供理论支持。

第三，上海外籍人口城市融入指标构建和模型确立。本部分主要是在理论模型的基础上，从定量的角度重新构建计量模型，研究了上海外籍人口城市融入的评价指标体系。上海外籍人口城市融入有着其独有的地域特色和时代特征，其不同于西方发展中国家到发达国家的国际移民，也不同于中国省际的国内移民，这些移民主要是以获取经济利益为目的，从贫穷向富有地区迁移，而目前上海外籍人口主要来自发达国家，其迁移目的、城市融入特征都有不同，因此了解上海外籍人口的城市融入情况，构建本地外籍人口城市融入测量指标，探讨外籍人口城市融入情况，并确立外籍人口城市融入影响因素分析所需要的计量模型，是本书的重要内容。

第四，上海外籍人口城市融入影响因素及内在根源分析。本部分主要是在计量模型的基础上，对外籍人口城市融入影响因素及内在根源进行深入的定量分析和定性分析。外籍人口在上海的城市融入是指移民与当地社会的关系，它是一个以构筑良性和谐的社会为目标，以不同个体、不同群体或不同文化之间互相配合、适应的过程。通过所确立的模型，对具有不同群体特征（不同居住时间、不同受教育程度）的外籍人口的职业和经济成就、家庭社会关系（社交圈）和文化认同等变量的影响因素进行分析，以了解他们城市融入的现状问题及影响因素，并关注精英阶层"优势文化群体"的城市融入问题，对这一群体的主体心理、主体行为和本地人接纳共同导致的"非零和型城市融入"进行分析研究。

第五，外籍人口迁移融入的国内外趋势与经验借鉴。本部分主要是从全球化和国际大都市背景下，对外籍人口迁移、融入的国内外趋势作比较，并进行经验借鉴。从世界城市发展的国际化趋势来看，目前上海还算不上"国际大都市"，尚在向以"四个中心"为框架的"国际大都市的目标奋进"。通过与不同国家和地区的比较，看清目前上海与国际大都市的差距，掌握全球化背景下外籍人口迁移及融入的趋势特征。从宏观层面把握外籍人口城市融入的全球化背景和趋势特征，以了解其他国际移民的动态趋势和融合特征，借鉴不同国家国际移民城市融入和不同地区华裔移民城市融入的经验教训。此外，探寻国内上海外籍人口整体态势，并进行国内不同城市外籍人口的基本比较，既使研究的群体更有针对性，也使外籍人口研究具有持续性。

第六，外籍人口城市融入的对策与建议。本部分主要是在前几部分研究的基础上，对上海外籍人口城市融入进行回顾分析，通过借鉴发达国家提升外籍人口城市融入的成功经验，充分考虑全球化背景下上海建设社会主义现代化国际大都市和具有全球影响力的科技创新中心的城市目标，有针对性地提出提升上海外籍人口城市融入、管理和服务外籍人口、不断吸引和留住外籍人才、充分发挥国际人才资源等方面的建议，以促进上海经济社会发展的探索性对策研究。

1.3.3　创新点

第一，研究视角的创新。中国在城市融入方面的绝大多数研究对象为外来流动人口、少数民族等国内流动人口，而关于外籍人口的城市融入的研究少之又少，与国外对国际移民城市融入研究一样聚焦于弱势群体，对于优势文化群体的外籍人口研究更是凤毛麟角。因此，本书涉足较新的领域，并且随着上海的国际化发展，此领域具有较大的科研性和实践意义。同时，从时间、空间全方位研究探讨，使外籍人口城市融入研究在全球视野与本土视角上并举。

第二，理论体系的创新。在全球化进程和优势文化群体的城市融入问题上，对传统经典的“同化论”和“多元论”的局限进行理论探讨分析，提出了外籍人口在不同政治形势、不同文化下，短期内无法完全融入的情况下，尊重个人心理需求，使“人的全球化”在“国际大都市”发展中达到“人”与“城”和谐共进的国际移民城市融入新范式。同时，构建具有当前形势和本地特征的外籍人口城市融入评价指标和体系，设计了心理需求、经济整合、行为适应、文化认同、社会建构、制度接纳这六个方面的评价指标，并得到有关专家的认同。

第三，实证方法的创新。通过定量研究对外籍人口城市融入进行分析，以探索性因子分析、验证性因子分析构建指标体系等结构方程模型对变量进行定量分析，层层递进，使研究更严谨具体、科学务实。

第2章

相关理论与文献评述

20世纪初，西方国家就开始关注移民的城市融入问题，主要表现在两个方面：一是政策和目标上的融入；二是文化和心理上的融入。但移民融合问题是一个复杂、多维、动态的过程，传统的社会学理论已无法揭示其根源。因此，本章从迁移和融入这两方面进行理论概括和文献回顾，并厘清国际移民研究理论脉络，归纳出本书的理论框架，为构建上海外籍人口城市融入理论模型的维度和指标设定提供可靠的理论依据。

西方国家对国际移民迁移与融入的研究除最为经典的推拉理论（Push-Pull Theory）和主导地位的多元论、同化论外，还囊括了新古典主义经济理论、劳动力市场分割理论、新家庭经济迁移理论、相对剥夺理论、世界经济学系统理论、移民网络理论和制度理论等。这些理论很好地阐述了人口国际迁移的基本概念，整个理论框架从经济、社会、政治等角度来观察其动因、总结其规律，同时包括了群体或个人间情感、心理认同、制度差异消失，以及个体平等及价值观的趋同等。

2.1 相关理论

2.1.1 同化论和多元论

对异质性社会群体中的个体与群体或群体之间的城市融入研究，一直存在同化论和多元论两种流派的纷争，这种纷争主要被应用在探讨移民的城市融入中，并形成了一套完整的理论体系。同化论和多元论在20世纪后半叶的学术界享有主导地位，是社会学最具影响力的主流理论。不管学者用哪种概念，是从社会适应、文化适应、社会吸纳、同化等层面与角度来概括和描述外籍人口抵达新国度和新社会的融入状态及过程，还是用类型化方式以不同维度描述及测量外籍人口的城市融入度与融入过程，根本上都没有脱离同化论和多元论的范畴。同化论的研究最早可以追溯到20世纪初美国芝加哥学派的学者 Robert E. Park 和 Milton M. Gordon，以基于"同化"的概念对早期在美欧洲移民城市融入进行研究。Park（1928）认为移民融入的过程是一个良性的族裔关系循环，其描述为相互接触、竞争、磨合与融合四个阶段，强调了移民同化过程是一个自然过程，但他忽视了一些重要的社会结构因素（如种族分层制度等）的影响。其不区分种族和民族差异，不考虑不同的社会经济背景而提出移民群体与主导社会的核心群体差异会不断降低，最终完全融入迁入国主流社会是有疑问的。Gordon（1964）对同化论加以完善，他提出更为复杂的七个维度的理论模式来解释同化过程，分别为文化融入、结构性整合、婚姻、族群认同、态度认同、行为认同和公民性同化。其中，文化融入是移民同化过程中最基本的第一步，移民融入主流社会先要从语言、宗教信仰、价值体系和行为习惯入手。而结构性整合与文化融合一样对移民影响较大，要融入主流社会的各种制度机构、迁移进主流群体居住的中产阶级社区、与主流社会成员通婚等都是最根本的同化层面，只有结构性整合才能促成其他层面的同化过程。由于部分移民居住模式存在种族隔离，又缺乏社会互动，不同移民族群之间的差别相当明显，而对于这种差别和产生变化的原因，Gordon 却语焉不详。

更多异常现象也反映着理论和现实之间的巨大差距，Victor Nee 和 Richard Alba 也是同化论的代表人物。Nee 和 Alba（2004）认为，所有移民及其后代最终都会被主流社会接纳和同化，但未必像经典同化论所指明的单一方向和目标发展，这种新古典同化论（Neoclassical Assimilation Theory）通常用于解释来自欧洲以外的社会经济背景较低或有色人种的移民群体以不同速度和方式融入主流社会的过程及结果。尽管他们定义的主流社会包含了不同阶层，但其以是否融入和同化于中产阶级作为衡量标准，而不是融入劳工阶层或下层社会。与新同化论相比，分层同化论把移民文化适应和社会整合的两个同化过程置于充满族裔不平等和种族阶级居住分离的主流社会大背景中，从而得出同化过程会朝不同方向发展，并导致不同的结果（Portes and Zhou，1993）。近些年，著名人口学家 Massey（2020）也提出了"空间同化论"（Spatial Assimilation），他认为移民群体与主流群体在居住空间上的关系是城市融入进程中特别重要的现象。

但这些调整自己的态度和行为，抛弃原有文化特征，最终消融在主流社会中的城市融入，某种角度意味着移民对强势文化、主流社会的价值观及生活方式的无奈接受。随着美国社会种族和文化多元化，学者不断挑战经典同化理论，从而诞生了多元论学派。越来越多持多元论观点的学者批判了同化论对移民能动性和移民自身文化再生产的忽视，他们认为每一种文化作为整体均为美国社会做出了独特、积极而有价值的贡献，移民及其后代可以保留自己本民族的文化传统。移民不以牺牲文化和价值观多样性为代价，彼此之间相互适应、相互尊重、相互作用，最终使所有社会参与者享有平等权利。

20 世纪 90 年代，"多元文化主义"被广泛传播。但后来的研究指出，两大流派都太侧重于国际移民的文化融入，而忽略了城市融入的其他重要维度，并且以主流文化为衡量标准的融入概念容易产生民族优越感的价值争论，"多元论"和"同化论"一起受到了批判和质疑。

2.1.2 移民城市融入的测量模型研究

对城市融入要具体考察，学者就必须思考移民城市融入的测量问题，西方学者通常以多维度概念和类型化方式来描述和测量移民群体城市融入度与融入过程，主要包括：以 Gordon 为代表的"二维度"模型、以 Junger-Tas 等为代表的"三维度"模型和以 Entzinger 等为代表的"四维度"模型（梁波、王海英，2010）。

20 世纪 60 年代初，Gordon（1964）对国际移民的城市融入提出了"二维度"划分法，把移民的城市融入分为结构性与文化性两个维度，一方面，从国家层面出发，以客观性指标考察了移民政策推行后的评估，以及政策对移民接纳程度、教育制度、就业保险制度等实施的效果；另一方面，直接针对个体融合本身，突出了移民文化习俗、行为规范、人际交往、生活方式及语言习得等特征。二维模型为移民城市融入的测量维度划分奠定了基础，并且随着工业制造业被服务业替代，劳动力市场对个体的要求已经不再是职业资格，而是更好的就业弹性。二维模型在考量客观制度政策的同时，更强调了移民的社会适应能力、语言沟通能力、自我调适能力，反映移民是否符合新的劳动力市场要求。

Junger-Tas（1997）提出的三维度模型主要体现了移民参与社会组织、人际沟通能力以及按迁入国行为模式行动的过程。而 Cutler 等（2008）将城市融入分为经济、文化、市民化三个维度，全面系统考察了美国移民的融入情况。其经济融合包括教育、就业、收入、住房等六个指标描述移民个体或移民群体的贡献程度；文化融合包含英语能力、族群通婚、子女数量和婚姻状况，指明移民个体或群体对本地风俗习惯适应程度；公民化或身份融合主要测量指标是入籍，是指移民正式参与美国社会生活，反映政策变化和社会对移民态度的变化。与二维度模型相比，三维度模型的最大进步在于维度中所提出的政治与合法性融入，强调了移民群体必须有正式的法律测定标准，来保障移民作为公民的平等权利，促进少数族群的融入问题。

Entzinger（1985）通过对欧盟各国移民融入政策的分析，直接把社会经济融入替代了结构性融入维度，分为社会经济融入、政治融入、文化融入和主体社会对移民接纳排斥的四个维度。这种四维度模型更加具体化，其最大的贡献和创新在于，它体现了移民融入所包含的迁入地对移民群体发生的改变，最主要指标是迁入地主体社会的态度，即对移民群体的接纳或排斥态度，反映了融入过程不仅仅是移民个体或群体对迁入地的同化或适应。而 Nee 和 Alba（2004）的四个维度包括了文化融入、社会经济整合、居住融合、社会关系与异族通婚四个方面。文化融入涉及了同化论与多元论的争论，包括移民对迁入地行为规范、语言能力、配偶选择、犯罪行为等测量指标；社会经济整合包括了移民的经济就业、收入水平、职业流动、社会福利与社会保障、社会性活动与社会组织参与等指标；居住融合是移民群体的空间分布与主流群体空间分布之间的差异，反映了由于社会网络引导以及社会语言不通、文化陌生等因素导致的"种族隔离"，又称相异指数。社会关系与异族通婚反映了种族认同的变化和族际的跨越。这些类型化模型的多维度指标，通过社会、政治、经济和文化等方面标识出结构与文化基本框架下的重要内容，构成学术界用来考察城市融入问题的基本思维框架，为具体的经验研究提供了可操作性指导。

2.1.3　国际移民迁移理论

全球化进程中，学者更关注迁移动因及过程与经济间的关系，各领域的学者对此作了深入细致的研究，使国际移民迁移理论远远优先于城市融入理论的发展。国际移民的城市融入与迁移动因其实是紧密相连的，在构建城市融入测量指标时，不能只简单地从融合理论入手，更要借助经济学家、人文地理学家等已构建的理论范式来进行探究（位秀平、杨磊，2014）。

（1）新古典主义经济理论——国际移民个体的心理及行为分析

新古典主义经济理论（Neoclassical Economic Theory）中由迈克尔·多德罗（Michael Todaro）建构出的"多德罗模型"，常用来解释在经济发展过程中人口国际迁移的动因。模型定量分析了国际移民从低工资地区向高工资地区迁移，以试图改善自己生活状态的心理过程。这种有理智的主体选择结果，取决于当事人对付出与回报的估算。而输出地与迁入地之间的收入差距将因移民行为而缩减直至均衡。很多学者认为新古典主义经济理论着重从经济学角度分析移民行为产生的动因，这种利益趋势驱动了大量的管理人才、技术人才往人力匮乏地区迁移。但事实上移民很难对迁移的付出与回报做出准确估计，类似于旅行费、他乡生活费、新语言培训费等经济因素只是原因之一，另一些如融入迁入地劳动力市场的困境、中断原有社会网络和社会资本重新建立社会交际圈等很难定量的困难成本，这些都会给移民带来较大的心理负担。个人从劳动力富有地区向匮乏地区的迁移取决于是否能获取最大报酬，但也常被视为一种人力资本投资，可能目前迁移收益未必大于迁移成本，但从长远来看，当国际移民掌握的教育、培训、经验和语言能力等技能可为其或子女带来最大收益时，这种迁移就可能发生。

（2）新经济迁移理论——国际移民家庭的心理及行为分析

新经济迁移理论（The New Economics of Migration）挑战了新古典主义经济理论中的许多假定和结论，两者的主要差别在于迁移的决策不是由个人决定的，而是由密切相关的群体来决定的，如家庭或社区。这个理论强调了家庭的作用，认为国际迁移并不仅仅把个人期望收入最大化作为目标，更把家庭看成追求收益最大化和风险率最小化的主体，强调了移民汇款是家庭收入来源多元化的途径，在制度不完善的社会中，汇款可能是家庭经济财富的基础，能降低家庭所面临的风险。更重要的是能提高相对于其他家庭在当地的社会地位，减小因社会等级差距而形成强烈的"失落感"，这种心理成为移民出走他乡以寻求社会地位提升的动力。即使家庭的收入没有增加，即迁移所带来的收益对收入没有改变，但迁移意愿却由此大幅增加，特别是缺少本地市场工作机会的贫困家庭。也就是说，新家庭经济迁移理论认为获取报酬并非国际迁移的唯一动因，减少家庭社会危机、关注移民与周围复杂环境互动关系等都是导致移民迁移的重要因素。虽然其思路更趋多元化，但仅对移民输出国所造成的迁移原因进行解释，解释力较为片面。

虽然新经济迁移理论和新古典主义经济理论对迁移的理解不同，但两者都是基于微观的分析模型，不同点在于决策的单位有个人或家庭的区分；追求的目标不同，表现为收入最大化或风险最小化；迁移决策的经济环境不同，表现为完整的、功能健全的市场经济或不完美、缺失的市场；迁移决策的社会背景不同，表现为绝对收入的增加或相对地位的提高。

（3）劳动力市场分割理论——发达国家吸收移民的经济结构性动因

劳动力市场分割理论（Labour Market Segmentation Theory）既不承认也不否认自发性的基于个人选择的微观模型，但与理性选择相差甚远。其理论认为迁移行为并非个人决策所决定，而是来源于当代工业社会的内在劳动力需求。代表人物有美国经济学家彼得·多林格尔（Peter B. Doeringer）和迈克尔·皮奥雷（Michael Piore），他们认为人口国际迁移是发达国家对移民劳动力的长期需求，这种需求的源头根植于发达国家的经济结构。国际移民不是由输出国的推力（高失业率和低工资）引起的，而是由迁入国的拉力（持续的对低工资劳动力的需求）所引起的。市场经济的双重性、结构性通货膨胀和底层工作升迁问题等都产生了对底层劳动力的持续需求，而这种需求在发达国家历史上主要由妇女、青年和农村到城市的移民来满足，而在现代发达国家中，这些来源的劳动力都大幅缩减，由国际移民来填补其空缺。可见，"移民族群飞地"展示了移民群体经济圈对其族群的特殊吸引力的经济结构现象。

但无论如何，劳动力市场分割理论只从需求方而不从供给方解释跨国移民的动因。只关注结构性因素，即来自当代发达社会经济体制内部对于外来劳动力的结构性需求；却未从供给的一方来看，忽视移民本身形成的供给，以及创造的需求。

（4）世界体系理论——国际移民全球性社会和经济根源

Wallerstein（1974）提出的"现代世界体系"学说认为，16世纪以来世界体系由核心国家、边缘国家和半边缘国家三个同心圆组成，核心国家与边缘国家、半边缘国家形成依附关系。在此基础上形成了世界体系理论（World Systems Theory），主要指边缘或半边缘国家依赖于核心国家，核心国家进入边缘国家和半边缘国家寻找土地、资源和新的消费市场。而当资本主义等核心国家向外扩展，大多数国家日益增长的人口被并入世界市场经济，边缘国家和半边缘国家内部的资源和劳动力被世界市场经济影响和控制时，跨界迁移就不可避免了。20世纪70年代中期经济衰退之后，一些观察家发现，国际人口迁移并非暂时性的异常现象，而是与全球政治经济结构的调整紧密相关。一个加入世界市场经济体系的国家，它的人口国际迁移量必然会大幅度增加。学者开始应用历史结构主义的观点来分析当代人口国际迁移。与新古典经济学家相反，历史结构主义学家强调迁移是与社会经济的宏观结构密切相关的，并且还与劳动力的地理分布、国家的政治体制息息相关。

当代历史结构主义者通过市场经济的全球扩张来解释人口国际迁移现象。虽然目前还没有形成一套连贯性的理论来研究人口国际迁移，但这些思想大体上可以形成一个体系。世界体系理论认为在资本主义的发展过程中，人口国际迁移对应于世界经济结构变化，这种情形不可避免。世界体系理论着眼宏观社会过程，强调世界政治、经济的不平衡发展对国际移民的推动作用。世界体系理论虽然对解释历史殖民地流向宗主国的移民得心应手，但是不适用于其他众多类型的移民，无法解释极其复杂的当代国际移民现象。

（5）跨国主义移民理论——社会资本移民网络的累计效应

跨国主义（Transnationalism）是 20 世纪 90 年代以来西方学者在研究全球化问题和移民问题时所用的术语，并用来解释移民跨越边界频繁流动的"跨国社群"的概念。当代人口流动与信息传递的便捷高速使许多人得以跨越边界，同时生活在两个或多个国家，其意义可能是政治、经济、文化或社会等多方面，活动领域被称为"跨国社会空间"。跨国主义强调了当代移民建立的跨越地理、文化和政治界的社会场（Social Fields），因而，跨国主义与资本的全球性流动紧密相关，移民与迁入国和输出国也同时维持各种密切联系，这种联系可以是物质的或象征意义上的。知识精英从跨国游走中实现个人最大价值，财富精英从跨国运作中谋取最大利益，普通劳动者从跨国出卖劳动力中改变命运，这些跨国主义的当代实践都是拥有的社会资本在移民网络中产生的累计效应。

可见，跨国主义的移民研究已不再拘泥于传统的移民概念和模式的窠臼，对于解释全球化时代国际移民现象和运动是一次划时代的探索，为移民研究提供了全新的视野和方法，也为移民与国家关系的互动提供了学理上的分析、判断和预测。

（6）移民网络理论——社会资本的一种表现形式

移民网络理论（Migration Network Theory）起始于 20 世纪 20 年代，社会学家意识到移民网络对促进人口国际迁移的重要性。利用相识的移民亲戚和朋友关系，非移民了解了迁移的状况，获得了帮助和其他资源，这些联系是迁移的"前兆"。Massey 等（1994）则将移民网络定义为社会资本的一种形式，认为人口迁移是社会关系变化的催化剂，是一系列个人关系的组合，它联系着现在的移民、过去的移民和迁入地与迁出地的非移民，这种联系是通过亲情、友谊和家乡情结来实现的。移民网络的存在增加了人口国际迁移的可能性，并大大降低了迁移的成本和风险，增加了迁移的期望净收益。很明显，移民网络就是社会资本的一种形式。通过移民网络的帮助，人们可以获得很多好处，如就业机会的增加、收入的提高等。移民收入的提高增加了资金的积累和汇款的可能性，人们通过社会网络中的关系和社会机构来积累社会资本。

2.2　国外相关研究及文献评述

从西方国家的实践来看，移民的城市融入是一个从同化论向多元论发展的过程。在笔者看来，不管是同化论还是多元论都应当意识到国际移民城市融入是移民与迁入国双向互动过程，它既不是迁入国对国际移民单方面居高临下的要求，也不是国际移民作为边缘人对迁入国社会政策的无奈遵从。这种融入过程是一个漫长的历史过程，也遵从了当前全球化进程的规律，由此构成了未来有关这一领域研究的重要方向。

在近些年学术研究中被列出的 5811 篇相关文献分析中发现，发文频次前13 位国家的发文数量差异很大。作为全球最大的移民国家，美国的文献贡献率最大，其次是加拿大、英国、德国、荷兰和西班牙等，这些国家都是国际移民最主要的迁入国或输出国。中国的频次在第 13 位，虽远不及美国，但较接近于欧洲国家的发文量（见表 2-1）。

表 2-1　1994~2015 年发文频次前 13 名的国家排名

国家	发文数量	向心率
美国	2241	0.05

续表

国家	发文数量	向心率
加拿大	454	0.07
英国	410	0.14
德国	363	0.05
荷兰	331	0
西班牙	276	0
澳大利亚	191	0.06
以色列	181	0
瑞典	173	0.15
法国	131	0
意大利	122	0
挪威	113	0.07
中国	95	0.01

资料来源：笔者使用 Citespace 软件对关键词进行搜索。

在相关文献引用率最高的前 30 篇中，学术影响力较高的作者包括 Portes A、Massey D S、Borjas G J、Chiswick B R、Zhou M、Alba R、Gordon M M 和 Berry J W（见图 2-1），从 Citespace 软件呈现的综合 h 指数发现高影响力的作者还包括 Ariss A L、Yeoh B S A、Beine M、Skeldon R、Levitt P、Rapoport H、Williams A M 和 Czaika M。这些代表文献直接影响着国际移民城市融入研究的发展历程，这些代表作者的其他相关文献也同样备受学术界的高度关注。其研究热点主要集中在宏观跨国精英政策效应分析、空间集聚与城市融入及隔离影响因素分析，以及社会建构的路径与探索等方面。

Massey 等（1994）认为，国际移民与历史、文化、殖民地和工业发展密切相关，区别了在不同经济、社会、政治和人口结构环境中国际移民的变化，其研究已经具备了空间和时间维度的雏形。Portes（2010）通过对大量移民研究的归纳总结，得出经济因素可分为收入、就业和人力资本。社会因素由文化范畴、社会结构和人口形态三部分组成。文化范畴主要与生活方式和种族问题

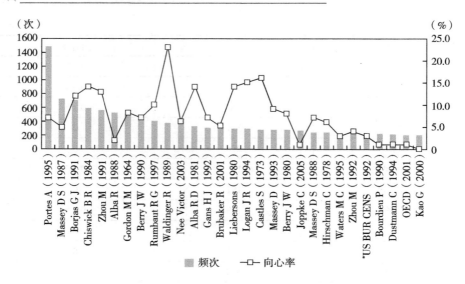

图 2-1 相关文献引用率最高的前 30 篇

注：＊US BUR CENS 为美国人口普查机构。

有关；社会结构同时涉及了社会不平等和社会凝聚力；人口形态着重于人口学上的年龄和性别结构分析。政治因素由两部分组成：政治局势和移民政策。关系链主要决定于国家之间的文化和物质交流及联系。文化联系包括殖民历史和使用同种语言；物质联系包括国与国之间的距离和迁移成本。不同的组成部分可能对某一因素产生相反的影响，从而影响着国际迁移的走势。但这些只能代表工业时代的国际移民特征，随着 20 世纪 90 年代后全球化进程速度空前，21世纪的国际移民研究更具有流动性和开放性，并形成一种新常态。

2.2.1 宏观层面的研究

（1）经济融合：收入、就业与人力资本

新古典主义经济理论用微观个人选择的视角清晰地阐释了国际移民的这种现象。Schiller 和 Çaǧlar（2013）认为，国际移民在融入社区的同时，还从经济、空间等多个层面改造社区。特别是在经济方面，通过族裔消费业态，如餐饮、超市等为社区带来工作机会。Grogger 和 Hanson（2011）对墨西哥社区的国际移民进行了实证分析，认为大多数移民把收入都用于消费，只有少量的资金收入可转化为生产性投资。而在个人、家庭和社区的宏观经济水平下，国际移民所做的选择被误导，更可能决定选择储蓄或汇款。Adams 和 Page（2005）调查研究了国际移民汇款对发展中国家贫困的影响。结果表明，在控制各种内生性因素后，国际移民汇款增加会导致发展中国家贫困化加深。其实对于家庭来说，家庭迁移的动因在一定程度上取决于工资水平等经济指标，但更为重要的是政府政策和社会保障体系的完善（Jennissen，2007）。

（2）社会融合：文化范畴、社会结构和社会资本

在迁入国，"种族构成"往往因为移民网络的存在而影响着国际迁移。在全球化时代，移民网络被看作社会资本的一种形式，这些网络可以降低迁移的成本和失业的风险，在一个大的移民网络中迁移的预期净回报率较高（Massey et al.，1994）。迁入国的生活方式可能影响国际移民数量，一方面，某些少数民族社会可能不像其他社会或国家更容易接纳外国移民，大量陌生的移民迁入会增加迁入国的排外心理；另一方面，生活在"移民飞地"的国际移民，长期在自己本国语言环境中，难以接触到迁入国的语言而影响其融入（Chiswick and Miller，1996）。

社会结构包含了社会不平等和社会凝聚力。个人和家庭的"被相对剥夺"与迁移动因和融合程度都有积极的正效应。例如，迁入国的收入差距对移民城市融入和居住时间显著相关。Malmusi 等（2010）通过对 25～64 岁生活在西班牙加泰罗尼亚地区国际移民的健康研究中发现，运用分层方法控制性别、社会阶层不平等特征，并考虑到社会经济指标（个人所得税、物质和金融资产和就业不稳定指数），医疗卫生不公平对国际移民的健康有影响。作为加拿大大都会"国际移民与融合"项目，Dunn 和 Dyck（2000）做了大规模的国际移民

调查，结果显示加拿大的社会经济因素并不一定是塑造移民健康的主要原因，而卫生服务利用对健康状况有决定因素，暗示着人类健康状况最重要的是对医疗卫生的公平合理运用和个人健康行为（吸烟、饮食、运动等）。

（3）政治融合：政治局势、政治制度和移民政策

自由民主国家的移民政策表现出文化交流及融合的相似之处，但面对移民种族的高度异质性，不同的移民历史模型影响着移民政策和政治制度化，大致可分为三种不同的移民政策模式。首先，以美国、加拿大和澳大利亚为代表的英语移民社会有着定期开放移民的历史，机械的移民计划更具规范性。由于密集的利益集团网络把控着政策制定，这种已成为惯例的移民政策更接近经济扩张政策，相对不受大幅度社会经济波动的影响。其次，以法国、英国、德国、瑞士、荷兰、瑞典和比利时为代表的许多欧洲国家经历了第二次世界大战后的大规模移民，主要是大量非欧洲少数民族。他们的移民政策大多数被看作那些不幸事件发生后的结果，有部分制度化的政策具有高度动荡性和争议性。最后，是近些年欧洲的主要移民输出国，如以西班牙、葡萄牙、意大利和希腊为代表的国家，第一次在其现代历史和危机环境中意识到要加强欧洲联盟内的政策协调来处理移民压力。虽然欧洲国家不太可能像英语民主国家那样开放移民政策，但是移民政策趋势应该更自由民主（Ruhs and Martin，2008）。Joppke（2008）用案例方式探讨了为什么自由民主国家愿意接受不需要的移民。

国际移民的一个重要决定因素是迁入国和潜在迁入国的移民政策（Joppke，2008）。由于迁入国日趋严格的移民政策，如收紧边境检查，国际移民的流动往往呈现下降趋势；而国际移民迁移水平不仅直接受迁入国移民政策影响，同时也受其他次迁入国的政策制度影响。更严格的移民准入要求会导致更多的国际移民选择其他潜在迁入国。当然，迁入国还可以利用国际援助、国际贸易的促进和投资输出国来影响国际移民的迁移水平。

国际迁移被证明是重要的跨国主义过程，它有助于反映当前新兴的全球经济政治配置。Itzigsohn（2000）着重分析了当代跨国移民政治体制结构，提出了三个问题：跨国政治如何构成的？如何解释当前出现的跨国政治体系？谁参与和谁受益于政治跨国主义？

（4）文化融合：国与国间的文化交流、移民历史、宗教信仰和语言

国与国之间的文化联系最初存在于共同的殖民地，这些国家的历史既促使了文化融合也促进了国际迁移，因为其国际移民更容易被迁入国社会所同化。文化联系确保了人力资本不在国际迁移过程中所丢失。例如，在比较教育系统中，文凭能被彼此认证承认。国家间文化联系的特殊形式是在人力资本市场中通用语言的使用。法语、西班牙语、俄语、汉语、阿拉伯语、北印度语、马来语等，世界上分别有超过一亿人在使用，但它们很少作为国际交流的媒介，而英语越来越成为全球通用语言（De Swaan，1993）。通常使用更广泛语言的国家更能吸引国际移民。特别是国际留学生受语言因素的影响选择留学及未来工作的地点（Baumgratz and Shaw，1993）。在文化维度中，Morawa 和 Erim（2014）、Moztarzadeh 和 O'Rourke（2015）发现，伊朗移民参加伊斯兰文化活动的频次与其社会满意度呈正相关，而与他们在东道国感受到的剥夺感呈负相关。

传统的"空间引力"是指地理相邻国家间的移民数量取决于空间距离这个最为明显的物质关联。空间引力模型中移民的数量被两国间的地理距离和迁移成本所决定，但由于国家间的联系被越来越先进的国际电信所替代，国际移民的心理成本由于先进的国际电信设施而逐步降低。在国际迁移模型里要验证的地理、文化和人口等影响因素中，地理这一因素已经越来越被弱化，而与地理因素相关的区域设施，如深蕴的景观价值、环境等却成为影响国际移民的动因。

2.2.2 微观层面的研究

（1）人口学特征：教育结构及空间分布

有关人口学特征的因素主要是迁入国和输出国的移民年龄和性别构成。显然，在输出国的退休迁移中，国际移民的年龄结构很重要。同时国际移民的年龄分布也决定着国际移民回流的迁移水平；而国际移民的性别分布对迁入国和输出国的迁移水平都有不同的影响。但更多的西方学者关注国际移民的空间分布。

关于国际移民空间分布的研究主要集中于移民的集聚及隔离问题上，此方面的研究文献很多。集聚和隔离在概念上是有区别的，与集聚相比，隔离具有更强的行为含义，暗示相关人群或与外界隔断联系，或由于一些社会结构障碍而不能融入到某地。例如，Waterman 和 Kosmin（1988）对大伦敦地区各自治区镇的犹太人居住模式进行了研究，认为更适合用集聚来描述犹太人的居住模式。不同群体间的隔离程度是很难精确测量的，表现在地理空间上的隔离程度多用隔离指数（Segregation Index）、相异指数（Dissimilarity Index）等测量。

迁入地社会经济的发展以及移民本身状况的改变都可能会引起移民空间分布的变化。例如，Lichter 和 Johnson（2009）分析了美国 1990～2000 年外国出生人口集中和分散分布的地理模式，研究结果显示移民在空间上具有分散特征，与以往相比现今移民集聚状况有所下降，并且与其他种族人群的隔离状况也在下降，但与过去相比变化不大。Logan 等（2004）根据 2000 年普查数据认为，1980 年以后黑人和白人间的隔离状况在国家层面上有小幅度下降，而大多数都市区域中拉美裔和亚裔的隔离状况却出现了上升。

国际移民的空间分布状况将会产生诸多影响。无论导致空间集聚形成的原因是什么，空间集聚都对社会产生重要的影响，如少数族裔的集聚将必然导致社会服务的隔离，并且也可能导致对某些少数族裔排斥情绪的产生。此外，移民的迁入也可能会对当地居民的迁移产生影响。例如，Lichter 和 Johnson（2009）指出，面对其他种族的迁入，本地白人会表现出一种回避行为，即日益加快向郊区迁居，从而导致郊区"白人飞地"的产生。Hempstead（2003）以 1985 年居住在纽约市的本地男性人口为研究对象，研究结果显示，移民与本地出生男性人口向纽约市外的迁移并不存在正相关关系，但却和纽约市内的跨区域迁移存在正相关关系。

（2）人力资本：高技能移民的相关研究

全球化过程中，资本、科技和劳动力的流动也促使了高技能移民的兴起，它与低端劳动力移民在迁移周期、依赖条件、住房和社会地位等方面是不同的。在人才竞争全球化的背景下，高技能移民的影响日益重要。高技能移民包括工程师、护士和其他方面的专家，主要是由发展中国家和发达国家迁入其他发达国家，另外还有发展中国家间相互的流动。近年来，南方世界科技的进步和知识经济的发展也在一定程度上减少了高技能人才的流出，这也使"脑力流动"可能呈现"北—北""北—南""南—北""南—南"等流向。

现有文献研究了影响高技能移民增长的各种原因。Mahroum（2000）认为，除移民法影响高技能移民的迁移外，税收、留学、工作质量、交流的开放性、商业的海外扩展、劳动力市场的供给和需求等因素也对高技能移民产生重要影响。Ouaked（2002）认为，全球化及知识经济的到来使各国对高技术移民需求日益扩大，尤其是在快速发展的信息技术领域。跨国公司作为全球化经济体系的一个重要组成部分，也导致了员工、生产和销售的日益国际化，高技术工人在跨国公司内部和跨国公司之间的流动问题受到了广泛关注。此外，国家政策和双边、多边协议同样在高技能劳动力的国际迁移中扮演着重要角色。

高技能劳动力的跨国迁移对输出国和接收国都产生了影响。由于高技能移民主要是由欠发达国家流入发达国家，对欠发达国家来讲又称为人才外流（Brain Drain）。对接收国来讲，高技能移民会给他们带来经济效益，而对于输出国的影响就比较复杂，既有收益又有损失。Ouaked（2002）认为，输出国可以采取一系列政策来抵消高技能移民带来的不利影响，甚至使高技能移民的流出产生积极效应，其中关键因素就是提高居民的一般教育水平，长期措施就是促进经济增长，从而能够留住高技能人才甚至吸引高技能人才的回流。

在人才竞争全球化的背景下，集中了很多公司总部和生产服务业的世界城市成为高技能劳动力跨国迁移的重要目的地。在这些国际大都市中，能够方便获得各种服务和先进的信息技术。Findlay 等（1996）以中国香港为例，研究了国际化都市内外籍人士的一些突出特点，并探讨了公司文化决定了公司以不同方式聘请外籍人士的原因。Zhou 等（2008）认为，世界城市所提供的高水平工作和生活方式基本上决定了高技能劳动力的供应。当某一城市成为跨国资本阶层活动的重点时，外籍人士的流动也可以导致国际社区的形成，国际社区内不同国籍的个体间有着定期和持续的接触。

还有学者对关于高技能移民的理论进行了研究，认为绝大多数关于国际迁移的理论关注的是从欠发达地区迁入发达地区的低端劳动力群体，现有理论远远不能解释高技术移民迁移的动因。此外，还有学者对国家移民政策、留学生群体等内容进行了研究。

2.2.3　国外文献评述

综上所述，国际移民的研究文献数量巨大，早期研究都集中于 1950 年后的一段时期，主要引用了美国或加拿大的移民研究，很多研究也主要关注如何计算移民数量、如何研究移民融合模式、如何分析社会和经济对移民的影响。尽管这些问题非常重要，但是却无法推进理论的进一步塑造。随着国际移民异质化的快速转变，面对着劳动力全球化的必然性、不同种族冲突的可能性和跨国主义趋势的挑战性，国际移民动态正诠释着全新的国际社会变迁，而敏锐的国际移民研究在不同学科、不同领域和意识形态的相互竞争中更加碎片化，使研究没有一个普遍可接受的理论框架。考虑到当前社会经济、政治、道德和文化在全球秩序构建的复杂性，学者正在努力构建知识框架，用来解释具有当前时间和空间特征的国际移民融合现象，这也意味着国际移民研究期待着新理论、新观点和新策略的出现。

（1）研究理论上的不断探索

近十年最为被学者关注的融入理论是国际移民跨国社会建构路径与探索。跨国社会空间中的个人资源、空间资本和社会网络成为社会建构的重要因素，影响着移民的融入情况。传统的移民研究比较强调空间上的集聚对于移民的正面影响，认为在聚集区的移民群体更容易形成一种社会网络，但近些年学者对移民社会网络的研究也进一步发现社会网络在全球化时代转变成了"跨国社会空间"（Soeh and Waldinger，2012）。英国教授 Featherstone 在 1995 年就论证了这种独立于民族国家控制外的跨国社会领域或跨国主义，它通常是指人、人际网络和跨国组织机构在跨多个种族和国家间形成高度制度化的持续关系形式，它以经济全球化进程为依托，超越当今民族国家的政治边界。美国学者 Ong（2002）以遍布全球的华侨华人家族网络与人际"关系"为案例，论证移民社群业已形成了"悬空的帝国"，而个人资本和社会资本在这个"帝国"中起着决定性作用。

Albar 等（2010）归结其内在原因，劳动力流动在很大程度上取决于社会、经济和政治的同化方式，特别是创业方式也逐渐建立在无形资产中，如艺术、文化和高科技领域中。在新的世界格局中，移民在国际企业和社会地位中被赋予了很强的社会资本，有些甚至成功成为管理阶层，他们形成了新的全球中产阶级。在欧洲，一些高端移民把家人、社区等个人资源、空间资本和社会资本团结一致来拓展个人与集体的发展战略、提高商业和创业的动力。有学者发现了迁移是怎样嵌入在输出国的特别社会关系中，依靠输出国获得的资源或继承最初社会的资源来操纵社会资本，从而形成跨国社会空间的网络集成和社会建构。

由于国际迁移产生的空间资本会出现在不同的社会环境中，使一部分西方学者纠结于其是积极的还是消极的？毕竟，空间也可以作为资源但也是一种约束。空间实际上是一种资源，它促进了在社交网络中的传播和利用。然而，空间也会是移民在较短的社交网络中的一种约束。最主要的是移民倾向于沿着水平网络结构中的迁移流动，也就是在原种族间的区域空间的迁移集聚。而沿着个人和社会资源最丰富的垂直网络结构社会空间的倾向性还较低（Ehren-reich and Hochschild，2004）。学者强调了青年移民是最有可能在垂直网络结构间进行流动的，青年移民在到达一个新的国家时，需面对重建友谊和社会网络的社会建构问题，而社会网络形成需要宏观理解迁入国的社会文化背景和成功的经验，知识青年移民的社会网络形成更嵌入了族群融合、文化融合和社会融合。

（2）研究方法上的不断创新

从 20 世纪 50 年代开始，由于受到计量经济学、计量地理学思路的影响，社会学家、人口学家尝试用数理统计方法探析日趋复杂的国际移民状况。

Hwang 等（1994）用多层 Logistic 回归模型来检验中国、菲律宾、日本等不同亚裔美国人在跨国婚姻中存在的影响因素。Runblom（1994）用普通最小二乘回归（Ordinary Least Squares Regression）法来说明瑞典三个不同移民群体在抵达后的五年里与本地人交往与收益间的内在联系。Le（2000）从横截面回归（Cross-Section Regression）的结果表明，受教育程度、市场经验、资本的可用性、婚姻状况和工作相关的特征等是移民自主创业的重要影响因素。

学者不断尝试各模型的运用，多层模型（Multilevel Models）来解释移民的语言熟练度、个人支持网络、跨国婚姻中个人及环境因素（Braun，2010）。Nauck（2001）以一种解释模型（Explanatory Model）来系统地提出，在移民家庭中，社会、文化资本和代际传播过程中相关结果的可用性。Qian（2001）

以应用对数线性模型（Log-Linear Models）来研究白人与亚洲不同种族间的异族婚姻。

20 世纪 90 年代以后，空间分布的研究内容逐渐与社会现实问题紧密相连，且随着 GIS（地理信息系统）和 RS（遥感）技术的发展、分析方法的提高，可利用卫星影像、遥感影像绘制国际移民分布图和人口发展模型；用一种基于 GIS 的随机地理编码算法，形成空间更细化、时间更详细的城市白天空间分布格局等。这些研究方法被相继运用在国际移民研究中，使研究广度和深度有了很大的进步。

空间计量经济学在回归模型中整合了横截面数据和面板数据，以处理空间相互作用和分析空间结构。空间数据分析、建模技巧进一步与 GIS 结合，能更直观地反映国际移民的空间集聚与融合等社会现实问题的关联（Jeanty et al.，2010；Cohen et al.，2000）。将空间计量经济学方法运用在国际移民研究中成为一种新趋势。

2.3　国内相关研究及文献评述

2.3.1　城市融入的构成要素研究

国内对于城市融入构成要素有一些具有影响力的研究。王文彬和曹洋（2019）在研究中发现，长春国际移民的城市融入受到与移民地域特性紧密关联的文化背景、生活场域和工作场域的显著影响，呈现显著的差异性社会网络建构特征。其使国际移民的城市融入产生截然不同的影响，本地网络特性是促进国际移民社会融入的重要助力，母国网络特性则成为国际移民城市融入的重要障碍。黄匡时和嘎日达（2010）则认为，外来流动人口城市融合度的评价指标体系应该从流动人口城市融合政策指数、流动人口城市融合总体指数和流动人口城市融合个体指数三个方面进行构建。周皓（2012）简要归纳国内外社会融合理论和测量指标，检讨并重构个体层次的社会融合测量指标体系，认为流动人口的社会融合总是处在从适应到区隔融合再到融合这三个阶段中的某一点上，在构建测量指标体系时要与理论相对应，且变量的选取要具有效度和简约性。因此，他认为社会融合的指标应包括经济融合、文化适应、社会适应、结构融合和身份认同这五个维度。更多的学者也认同这种高效度和简约性的做法来描述外来流动人口的社会融入状况（李培林、田丰，2011；辜胜阻等，2014；李强、胡宝荣，2013；吴文恒等，2015）。当然，也有学者从社会排斥角度提出中国流动人口在城市中遭受的经济、政治、公共服务和社会关系等多层面社会排斥问题，认为城市融入方面呈现了针对流动人口的制度异化、经济限制、生活隔离与心理排斥（彭华民，2005；李景治、熊光清，2006；张国胜，2007）。

虽然，越来越多的学者通过各维度及测算模型的不断改进与完善，从户籍制度、城镇化与市民化等不同视角，提出了渐进式城市融入政策（杨聪敏，2014；褚清华、杨云彦，2014；朱蓓倩等，2016）。但是，中外移民城市融入毕竟具有差异性，国际移民大多来自发达国家，其生活质量越高、收入越高，越是有优越心态，越不容易融入当地社会，而共同性规律则是，移民融入城市动机越强、在城市居住时间越长、社会关系越多越容易适应与融入城市。外籍人口与本地社会文化融合程度较低的现实，客观上导致其"优势文化孤岛"的长期存在，与其他国家地区相比，中国在外籍人口城市整合度的差距某种程度阻碍了城市全球化进程。部分中国学者对外籍人口的城市融入及相近的社会融合和城市融入理论进行论述，发现外籍人口对推动中国与地区全球化有不可替代的作用，不但对经济产生直接影响，而且影响国家与地区的政治、社会和文化。探索外籍人口城市融入已经成为创新外籍人口城市管理制度的重要举措。宗教界别、种族群体、语言能力、政治立场、社会阶级、性别、民族主义、年龄代沟、文学修养、艺术认知、教育程度等不同使群体中的外籍人口产生了融入差异，如何在研究中破解这个危局有待进一步深入研究。从以上相关研究可以发现，国内学者主要从经济、文化、社会、心理四个层面对移民的城市融入进行研究，并且认为中国移民在四个维度呈现依次递进关系，而外籍人口在四个维度呈现非均衡性，因此，外籍人口城市融入四个维度不同的内在机理是本书着重解决的主要问题。

2.3.2　城市融入程度的探究解析

梁玉成和刘河庆（2016）认为，国际移民融入中国社会也对当地人的就业、生活和福利等带来影响，研究发现在广州的非洲移民以经商为主，不同类型的本地居民对他们经济方面的印象没有显著差异，而产生负面印象的是非洲移民数量的不断增多带来的威胁感。岳经纶和尤泽锋（2020）以族群竞争假设和群际接触假设的视角探讨了中国公民对在华国际移民的福利资格获取的态度，具有一定的开创性。张文宏和雷开春（2008）认为，从城市新移民的社会融合包含的四个维度影响因子来看，整个过程体现了心理融合、身份融合、文化融合和经济融合依次降低的趋势。童星和马西恒（2008）强调了新移民与城市社会的融合正在自下而上地开始启动，移民群体同城市社会的融合将依次经历"二元社区""敦睦他者""同质认同"三个阶段。王桂新等（2008）则从城市化的角度提出了城市融入的同质化水平大致可以分为三个阶段：即集中化阶段（形式城市化）、常住化阶段（过渡城市化）和市民化阶段（实质城市化）。也有学者提出不同的观点，杨菊华（2010）认为，各个维度之间既存在一定的递进关系，也相互交融、互为依存。城市融入不是一成不变的单维度概念，而是动态的、渐进式的、多维度的、互动的。任远和乔楠（2010）认为，城市融入包含了差异性群体这个概念，移民作为进入者对地方社会从相互适应、相互作用至最终融合的过程，并且整个过程会存在不同差异群体、不同移民群体和地方社会之间的排斥、阻碍和相互冲突。

外籍人口这一特殊群体内部具有差异性大的独特特征，很多外籍人口研究体现了这种特征：大陆台商群体持续性在两岸间往返流动，建构起跨界的社会空间，形成双向认同和情境性认同，并建构起多元的社会关系网络；而海外人才回流后，城市融入则由于个人差异的存在，主要有三种适应模式，分别为无法适应、积极主动适应、被动采用出国前方式重新融入。南非的中国新移民的城市融入却呈现"非零和型适应"和"多元适应"的倾向（上海大学课题组，2015；吴前进，2004）。有学者认为这种国际移民城市融入上的差异性主要体现在居留心态、社会空间及跨文化交际能力三个方面（吴文恒等，2015）。但大多数在华的外籍人口属于知识型移民群体，作为一种稀缺资源，具有高层次性、高创造性和高流动性等特征。其主要动因表现为经济理性选择，移民者基本依托于知识型移民自身的客观条件、主观心理和他们所生活的环境这三类因素实现城市融入，而中国的政策制度方面对知识型移民却存在制约因素（陈常花、朱力，2008）。因此，这种差异性很强的群体在其纷纭杂沓的城市融入现状中一定蕴藏着不同于其他群体的城市融入过程和本质，更亟待学者去发现。

2.3.3 城市融入的影响因素研究

外来流动人口城市融入影响因素的研究有很多。刘传江和周玲（2004）认为，要促使外来流动人口尽快完成城市化和市民化的转变，更好地融入城市社会生活中，就必须改善流动人口社会资本匮乏和质量低下的现状，并构建流动人口社会资本积累和形成机制。任远和邬民乐（2006）总结提出了影响流动人口社会融合的四个主要因素：第一，移民社会资本或社会网络的影响；第二，以户籍制度为依托的流动人口管理制度对流动人口的限制与排斥；第三，教育、培训和工作经历的促进作用；第四，流动人口在劳动力市场的地位和处境的影响。刘建娥（2010）认为，城市融入的影响因素涉及居住、社区、经济、社会资本、人力资本、就业及健康七个关键因子。也有学者以制度排斥、社会歧视、相对剥夺感和社区融合等不同因素对外来人口社会融入的影响进行了讨论，并提出了相应的政策建议（崔岩，2012；梁波、王海英，2010）。更多的学者通过创新视角，从医疗保险、劳动时间、人口城镇化率、与本地市民社会交往等个体因素和流入地因素两方面考察了外来流动人口城市融入及其主因子的影响作用（秦立建、陈波，2014；潘泽泉、林婷婷，2015；汪明峰等，2015；陈云松、张翼，2015）。

在城市融入影响因素研究中，从社会经济因素来看，研究者发现了嵌入在城市融入中的移民网络关系资源的促进作用（郑杭生，2005；赵立新，2006）。但以弱势群体为基础的社会网络带来的交往限制，反而强化了劳动力移民生存的亚社会生态环境，形成城市中的二元结构，阻碍其对城市认同感与归属感（朱力，2002；风笑天，2004；陈映芳，2005）。因此，相对于劳动力移民进城前的原始社会资本，新型社会资本在新移民的社会地位提高和城市融入中作用更大（魏晨，2007）。也有其他学者强调，影响流动人口城市融入的关键是制度障碍和经济障碍（杨盛海、曹金波，2005；悦中山，2011；张国胜，2007）。但也有研究者已经注意到了人力资本（尤其是教育）对移民城市融入的影响（高向东、朱蓓倩，2013；段成荣等，2020）。

外籍人口的城市融入主要是从政治制度及文化因素考察，有学者提出以企业国际化助推城市国际化，要吸引、留住和利用高端国际人才，就必须构建国际服务体系，教育、医疗、网络、语言环境、社区，更重要的是便利安全的营商就业环境的观点。那么，对外籍人口个人所得税的征管，是否参加中国社会保险，及如何设限其房贷问题等制度管理也就引起了广大学者的争论。外籍人口的社会保险以及所得税的征收存在制度性障碍，大多数学者认为需依靠国际惯例或与其他国家进行双边、多边协定，从而进一步完善相关措施和依法管理能力（熊安邦，2013；汉斯·康克乐伍斯基、冯利民，2013）。也有学者则持反对意见，他们认为征收难度大、国际情报信息交换同步难、重复缴纳等易导致国际劳务纠纷（熊贵彬，2013；李泽林，2011）。

2.3.4 国内文献评述

（1）相关理论评述

目前的城市融入理论主要为了解决美国这一典型移民国家所面临的社会矛盾与冲突问题而提出的（李明欢，2001）。因此，无论是同化论还是多元论都试图将错综复杂的社会融合问题简单地归因为文化融合问题（张文宏、雷开春，2008）。而如果用建立在国际移民研究基础上而形成的同化论和多元论，用来解释中国特有的国内迁移和流动现象，以及庞大数量的外来人口的社会融合是具有明显局限性的。相比之下，基于默顿中层理论而提出的多向分层同化理论显得更具解释力和参考价值。

（2）研究对象综述

以往研究的对象主要为流动人口，针对国际移民城市融入研究较少，而且大多数研究主要以某一个具体城市或地区为例，如义乌阿拉伯商人（何俊芳、石欣博，2020）、深圳市外来人口（杨绪松，2012）、宁波市外来人口（杨黎源，2007）、上海外来民工（王桂新等，2008）、西安市流动人口（杨晖、江波，2009）、绍兴市流动人口（任远、乔楠，2010）、新加坡移民（王君、周敏，2021）等。也有学者主要研究某个社区，如上海市 Y 社区的个案调查（童星、马西恒，2008）。后来有学者逐渐转向关注某些特殊群体，如上海白领新移民（张文宏、雷开春，2008）、新生代流动人口（王春光，2006；任远、乔楠，2010）、蓝领外来人口（陆淑珍，2012）、流动人口子女的研究

（贾婧、柯睿，2021）等。还有一些研究以整个社会或城市为研究对象，如通过考察美国一些城市的宏观社会经济发展参数进行社会融合情况的比较研究（刘琳，2022）。

（3）研究视角综述

以往研究通过逐渐加大对国外社会融合理论的引用、介绍和梳理力度，应用外来理论和概念进行本土实证研究，加深了国内对外来人口社会融合问题的认识和理解。社会融合研究从浅层次的描述性研究转向关注深层次的心理层面研究，重心从生态层面转向心态层面和文化融合的研究。但是，目前大部分的研究仅是局限于某一地区或某一问题，缺乏系统性研究框架，对社会融合的系统化指标的实证研究较少，故制约了外来人口社会融合的纵深研究。由于研究对象和目标不同，学者有所侧重地进行外来人口社会融合的影响因素研究，认为流动人口在城市的社会融合受到城乡体系整体性的影响，受到制度安排、社会网络、劳动力市场、教育和培训、文化价值的综合作用（任远、邬民乐，2006）的影响。有学者提出要让流动人口逐步淡化与农村的联系，就要加快流动人口融入城市社会；要让流动人口融入城市社会，重要的一条就是让他们的家庭能够和他们一起进入城市（李若建，2016），强调以家庭形式进入城市的外来人口，融入城市的条件更易满足。

（4）研究方法综述

从定性研究逐渐转向定量研究，并逐渐强调社会融合度测量指标的研究（王桂新等，2008），以往定量研究的实证资料主要来源于专项问卷调查，分析方法主要倾向于多种统计方法相结合。从简单的变量描述分析发展到因子分析、多元回归方法和综合指数的构建，以及队列（同期群）分析方法的采用，标志着静态和动态研究的逐步深入。张文宏和雷开春（2008）采用了受访者推动抽样（RDS）方法（赵延东、Pedersen，2007）来抽取新移民的样本，通过探索性因子分析的方法探讨新移民的社会融合现状，并采用多元线性回归方法进行各种融合的影响因素分析。高向东和李芬（2018）提出"流动人口城市融合度"评价指标体系应该从政策指数、总体指数和城市融合个体指数三个方面进行构建。各指数的每个指标根据最不赞成、不赞成或赞成分别赋予1分、2分、3分。该指数的结果包括总分值和指数值，通过分值判断社会融合程度。

（5）学科研究差异综述

各学科的研究侧重不一样。社会学更多关注社会资本与社会融合之间的关系。心理学在社会融合测量方面更多偏向心理感受指标，把社会融合与社会认同联系起来，而且在社会融合的后果分析中，与人的健康联系在一起。经济学主要研究移民在迁入目的国后的经济地位获得情况，更多关注移民的经济融合对其迁移以后工作和生活的重要性。这些学科倾向于从微观个人层面研究社会融合。然而，人口学从其学科特性出发，可以在宏观（中观）群体和整体层面开展研究，通过引入人口分析的方法和人口基本变量研究社会融合，并利用人口普查资料所提供的信息进行动态的分析。因此，人口学领域的外来人口社会融合研究有助于拓宽现有研究视角。综上所述，学者不仅把外籍人口的空间分布和人口集聚区等人口态势做了细化研究，更嵌入了不同文化下外籍人口的融入、大城市的社会融合及其管理与服务机制等研究，其目的是在全球化、国际化背景下使中国大城市能更好地管理并吸引、留住外籍人口，为中国经济社会发展服务。国内众多关于外籍人口和城市融入研究，为构建适合于中国国情或发展中国家的国际移民城市融入的理论框架提供研究基础，有助于更深入探寻在中国外籍人口城市融入理论体系中的动因、效应和作用。

总而言之，从20世纪末到21世纪初，Massey等（1994）、Massey（2020）、Jennissen（2007）、Castles（2002）等众多学者都对国际移民理论做了探讨，其理论研究揭示了国际移民迁移和融入的历史过程和经验，实证研究验证了城市发展依赖于外来移民的共同努力、外籍人口的生存与发展依赖于城市环境及条件、移民的融入性影响着城市建设等"人"与"城"两者之间的内在关联。全球化快速转变进程下的国际移民城市融入研究，在重新嵌入全球化与当代社会发展的新格局中，从宏观来说其研究的视角依旧是经济、社会、政治、文化；从微观来看为个人及家庭的心理过程和行为适应等方面，目前实证研究已经呈现把跨国主义和全球化概念纳入在国际移民城市融入的指标体系建构的趋势。从国内研究来看，国内学者对移民融入的维度设立与国外学者达成共识，基本从经济、社会、文化和心理四个方面进行研究，而对影响外来移民城市融入的主要因素也主要集中在外来移民的人力资本、社会网络导致的空间集聚及隔离，以及制度与管理障碍等影响因素。虽然国内移民在四个维度中呈现依次递进关系，但外籍人口的四个维度却是非均衡性的。

第3章

上海外籍人口城市融入的
历史演变与现状特征

　　通过上一章对外籍人口理论文献的探究，不难发现在任何国际大都市形成和发展的过程中，外籍人口都是一个不可忽视的因素，它通过经济、政治、社会、文化等不同形式嵌入在城市的全球化发展进程中。反之，移民城市的历史演变、时代变迁和全球化动态趋势也潜移默化地影响着外籍人口的国际迁移与城市融入。面对国际移民及移民城市的高度异质性，一方面，不同移民历史模型影响着政治认同、文化融入等，特别是移民政策和政治制度化，从而影响着国际移民的城市融入，需以历史比较的视角处理移民迁入国的移民政策、社会网络及劳动力市场分隔对移民融入的影响；另一方面，越来越紧密的世界和更多的国际移民导致的国家民族文化多样性、多元性，促使国际移民呈现新的现状特征，其变化趋势也或多或少地影响着城市融入。基于不同的国际迁移理论中建构起的因果链，随着时间、空间维度影响而不断改变，吸引着各国学者不断挑战和完善国际移民理论。本章的研究目标主要从过去至现在的时间脉络来解析外籍人口迁移与融入的影响效应、内在机理及经验借鉴，全面周详地论述外籍人口的过往之事，进一步以质性研究方法初步探索外籍人口的城市融入可能存在的问题。国际移民研究在全球化快速转变进程中，更趋复杂性、变异性、互联性、多层性等特点，把外籍人口研究重新纳入在近代社会至当代社会变迁的链接中，研究外籍人口城市融入与移民政策等演变轨迹，探寻历史视角下内在机理及经验教训，为理论模型构建作进一步补充和完善。

上海外籍人口的迁移、融入有着其特定的历史背景和实现机制，目前上海作为一个国际性大都市的崛起，更不能忽视这一重要因素。既要以历史视角加以考量，更要强化以政策为导向的移民研究，通过移民政策的细化，把移民的城市融入纳入新的全球化实践中。本章力求揭示完整的上海外籍人口历史、现状和展望，从静态研究转变为构建动态理论框架，从单一学科到跨学科研究，从只纯粹对迁入国或输出国单方面研究到对两者之间内在关联进行研究。

3.1　上海作为近代移民城市的历史演变

从上海开埠以来，上海外籍人口概况大致可分为新中国成立前、新中国成立后两个历史时期来进行梳理。租界的形成和洋人的潮起潮落，是随着近代中国主权的衰落、上海经济产业的转型、外籍人口地区的形成和上海文化的奇特发展而形成的。在这个过程中，洋人参与了上海的盛衰荣辱，把上海卷入资本主义殖民和全球化的过程中。外籍人口来到上海伴随着早期发达资本主义国家的资本殖民和市场扩张，当时上海的政治背景为他们提供了"自由乐园"，使外籍人口能够全面介入上海的政治、经济、社会、文化生活，在上海打下深厚的异邦烙印。即使在中华人民共和国成立后的封闭政策之后，上海的文化仍然具有不同于其他中国城市的开放性和现代性。如今，改革开放后的上海，在快速崛起的过程中，再次成为吸引外籍人口进入中国的"高地"。它有其历史和文化渊源。然而，同样的外籍人口涌入，其历史背景和现实都发生了质的变化。

3.1.1 新中国成立前上海外籍人口融入的影响因素

没有上海的开埠，没有西方物质和文化的渗透，上海也许不能在短时期内完成工业化、城市化和现代化进程。而租界中的华洋杂处、彼此认同合作才使城市的规划得以实现。外籍人口在当时融入中国社会的生活环境、生存空间是怎样的？是否也存在问题？

（1）制度因素：西方社会政治结构和管理制度的移植

上海开埠后，外国人先后建立了英、美、法租界。租界的建立，为西方物质精神文明大规模地输入上海提供了便利。租界是近代中国屈辱的象征。但客观上西方人将欧美的物质文明、生活方式、市政管理、议会制度、伦理道德、价值观念、审美情趣等一起带到了上海，使租界变成东方文化世界中的一块西方文化"飞地"。租界实行工部局体制，照搬西方行政体制的管理模式，有利于租界的市政管理及城市建设。"华洋杂处"也让即使是最普通或生活在社会底层的上海人也可以"零距离"地接触和感受来自不同地域的文明。这种展示带有强烈的示范效应，刺激和造就了上海人的社会观念与生活方式的融合与西化。租界的示范性不仅体现西方文化价值理念，更体现了西方社会的政治结构和管理制度的移植，对中国的封建皇权及传统文化观念带来了颠覆性的影响。上海市民意识的萌发与滋长，开放、宽容、吸收、尊重竞争秩序和规则的海派文化的兴起，无疑是人口现代化和国际化转型中必须具备的基本素质，更代表了当时外籍人口在上海制度性"逆同化"的城市融入过程。

（2）经济因素：多功能经济中心转变和中外资金汇聚冲击效应

在清末众多大小城市中，西方殖民者以极其敏锐的洞察力和国际性视野选中当时的上海作为通商口岸。租界具有独特的不可替代的移民功能，它为人口、资金等各种要素集聚提供了相对安全稳定的社会环境。故时人感慨地说："租界一隅，平时为大商埠，乱时为极乐园。……天下之治乱视上海，上海之治乱视租界，盖世变系焉。"① 战乱导致的城市人口增长只是一个偶然次要因素，而城市经济发展特别是工业化进程，才是人口城市化规模不断扩大的决定因素。真正吸引外籍人口留住的也绝不仅仅是租界里的社会安全感，更重要的是在于它有巨大的商业价值。上海的崛起原本就以满足和服从其他资本主义列强的工业化和现代化需求为前提，以贸易和制造业为主的多功能经济中心的转变和外国工业资本大规模涌入，为上海创造了更多发财致富的机会，来自世界各地的外籍人口会蜂拥而至上海。正如 1890 年《申报》的一篇时文中写道：天下攘攘而往者何也？熙熙而来者又为何？曰为利耳。泰西之人不惮数万里之程，不顾重洋之险，携妻孥携朋友来通商于中国，为何也？曰为利耳。几乎一夜暴富的哈同、沙逊不仅成为外侨羡慕的榜样，他们也把商品经济的力量发挥到极致，使"十里洋场"成为冒险家的乐园（乔志强、赵晓华，1997）。

更多的西方人涌入上海设洋行、开银行，中外商人投资办厂，中外资金大量集聚上海，此时，除外交人员和传教士，商人、银行家及他们的职员在外籍人口职业中占有最大比例。在洋务运动的推波助澜下，中国第一批近代企业被创建，从而形成了与西方接轨的新型工商业，产生了按照资本主义市场经济的规则运行，完全不同于原先封建社会的商业文化。早期洋商都十分富有，过着奢侈的西式生活，他们可以轻而易举在上海这个通商口岸赚进大笔的财富。毋庸置疑，租界的城市化、现代化建设目的是提高租界内洋人的生存质量，尽可能还原和维持他们的欧洲水准，进而便于他们在这块居留地上更舒适地"强盗"下去，而上海人原有的传统价值观被迫放弃，传统生活被打破，新的生活方式和生活观念被强制在上海人身上。最初只是被动接受，

---

① 姚公鹤. 上海闲话（下卷）[M]. 北京：商务印书馆，1917.

随之出现了因受其生存竞争挑战而作的被动回应，这种回应包括对外来文明示范的认同与效仿，逆同化的融合过程被经济因素的冲击中进一步深入形成。

（3）文化因素：中西文化的融合渗透与海派文化的创新包容

国际移民融入的作用大小，往往取决于是否形成移民文化。文化的多样性和在某种程度上达到的统一性之间的张力促进了古与今、传统与革新的融汇。近代上海特殊的城市格局中，中国文化传统的边缘性和近代性特点弱化了对西方文化的排拒力。移民社会传统士绅角色缺位的人口特点，使近代上海文化呈无霸权状态，有利于异质文化的交流与融合，上海租界又提供了中西文化交流、融合相对从容、不可多得的优良环境。换一种说法就是"海纳百川，有容乃大"，中西不同文化的共处共存、交流融合的状态，是上海被称为文化熔炉的原因所在（熊月之，2006）。

来自不同国家、不同种族，具有不同职业、不同层次，具有多元化和异质化的特征的外籍人口，使多元的思维模式和多维价值观念在碰撞和融合中形成。中西文化相互影响、相互作用的同时，造就了上海城市独特的性格品质和价值观念，形成了别具一格、融汇中西，反映和折射移民社会习性和文化性格的新型大众文化——海派文化。这种逐渐形成中的城市品格，影响了所有在上海生活和发展的人，不仅是上海人，也包括外籍人口。从被称为"洋泾浜英语"反射出英语被看作上海人为了解西方文化，外籍人口为发展业务而产生的中国人和外国人社会都在用的独特语言。可以说外籍人口影响了上海，上海也影响了他们。

海派文化中所蕴含的创新意识、竞争意识、效益意识等正是传统中国最为匮乏的，从中可以透视出近代上海人们自我意识的不断觉醒、对精神自由和个性独立的执着追求，这为上海人口群体向现代化、国际化的转型开辟了极为广阔的空间。显而易见，外国移民的介入对于上海"独特的文化和品格构造"

的形成有着不言自明的功效。迁移行为也许只是一个动因，而由迁移和融合不断形成的文化和城市氛围则是造就和影响上海人能够接受和融入世界文化的深层次的根源。

（4）心理因素：移民文化的接受、互动、整合与放大效应

近代上海是一个小的国际社会，但在条约制度下，这个国际社会显然不具备平等竞争的机制。占租界人口总数极小部分的外籍人口拥有条约制度赋予的特权而始终居于主导地位。诚如吴圳义所说，"如单以人口来看，上海租界可算是个华人的城市。但如果从政治、司法和经济等方面来看，上海租界又是个外国人的世界。华人在租界社会的地位，就好像是生活在外国人的殖民地一般"。① 这是上海租界社会的特点，同时也是很难克服的矛盾，外籍人口的社会心态和生活方式就是在这一矛盾中逐渐形成的。

同时，外因还需通过内因起作用。上海人通过自身的勤劳、创造力和优质禀赋发展了一个能从容自如地和西方打交道的现代中国人社区，租界历史反而促成其形成强烈的独立观念和自主意识，乐于接受新的观念和新的事物，并能够顺应和接受社会的改革，不故步自封、开放包容的心理特点。一批又一批的移民源源不断地进入这个包容、锤炼和淘汰并存的城市，在这里形成了与众不同的现代中国生活方式和独特有力的上海文化。如果没有上海人对外来文化从拒绝排斥、被动适应到认同追求的过程，上海不可能把城市化、现代化、国际化的社会意识和思维方式熔铸于基本价值之中。心理、思想观念和行为方式的转变是城市全球化和国际化最重要和最难以推进的一步，只有打破这个天窗，才能使各国各地移民的迁移融入向前迈进。城市的迅速发展促使准则和成规都在急剧变化形成，移民在一方面积极适应，另一方面也努力改变新环境，这即是城市全球化进程中城市融入的真谛。

---

① 吴圳义. 清末上海租界社会［M］. 台北：文史哲出版社，1978.

3.1.2　新中国成立后上海外籍人口的时代变迁

1949 年 9 月，上海出现外籍人口转变的一个重要转折点，一大批英美籍人离境。新中国成立后，根据邹依仁（1980）的统计，1949 年 11 月，在上海仅剩 28683 名外国人，其中美国人 1720 名。1950 年 4 月后，再次出现外籍人口出境高潮，身份多为国际难民。之后，在上海的外籍人口数量很少，到 20世纪 70 年代末，常住外籍人口剩下 700 余人，不到新中国成立时的 3%。改革开放后，特别是在 1983 年邓小平提出的"引进国外智力，以利四化建设"的战略方针之后，来上海的外籍人口开始成倍增长。2000 年数据显示，在上海居留的外籍人口已涉及 177 个国家，其中日本、美国和韩国位居前 3 位（高向东等，2006）。但当时学者普遍认为，上海国际人口比重还比较低，要建设为国际大都市还需很长的过程。

回顾 1949 年新中国成立之后，随着国内政治经济和对外政策的变化，上海外籍人口数量和结构出现变动。何亚平（2012）将此后外籍人口在上海的人口变迁划分为四个阶段：①1949～1955 年，入境和居留活动受到严格限制，外籍人口数量急剧减少。②1956～1965 年，常住外国人的人口结构进一步趋于纯化。至 1965 年底，上海常住外籍人口为 2730 名，其中外国留学生和实习生为 2092 名，大多来自亚非拉国家（邹依仁，1980）。③1966～1978 年，外国人口数量出现波动，1971 年后建立的"国际统一战线"，使外籍人口结构呈现多元化趋势。④1979 年的转折点，1979 年之前外籍人口总量都较少，呈现离散分布、流动性较高的特征。1979 年之后，来上海从事经济、留学等事宜的常住外籍人口逐年增多，并且上海的发展和外籍人口管理工作逐步完善。上海外籍人口不断稳定上升，来源国也日趋广泛，形成了第二个转折点。可见，上海外籍人口的变迁过程反映近些年中国的社会经济变迁程度及对外开放程度。截至 1979 年底，上海常住外籍人口约 710 人；1979 年后，外籍人口来华人数陡增，20 世纪 90 年代初，上海常住外籍人口达 1 万人；2008 年上海常住外籍人口数超过了新中国成立前外籍人口最高值，到 2010 年时已达到 16.25 万人①。1979 年后，外籍人口增长模式不同于晚清租界时期和民国时期的增长模式，如今的外籍人口增长依靠上海自身的经济实力和政策体制导向。根据第六次人口普查数据，上海外籍人口已涵盖了 214 个不同国家和地区，呈现出多元化，有 39 个国家和地区的外籍人口数超过了 200 人，日本、美国和韩国排列前三，城市的国际化程度逐步加强。

3.2　外籍人口的社会人口学特征

近年来，中国的经济社会持续平稳发展，国际影响力也持续提升。良好的生活环境和就业环境对国际移民的吸引力持续增加。第七次全国人口普查外籍人口数据显示：2020 年在中国的外籍人口达到 84.57 万人，在 2010 年第六次人口普查 59.38 万人的基础上增加了 25.19 万人，增幅达到 42.42%。根据两次外籍人口普查的数据详细比较，"七普"数据显示出外籍人口的人口学基本特征和经济社会特征都发生了变化，如从性别结构变动来看，2020 年中国境内外籍人口中男性为 40.20 万人，女性为 44.37 万人。女性外籍人口数量明显增长，与 2010 年的 25.76 万人相比，2020 年增长了 18.61 万人，所占比例从 2010 年的 43.38%提升到 2020 年的 52.46%，并且 2020 年女性外籍人口数量超过男性外籍人口数量 4.16 万人。而男性的外籍人员十年仅增长 6.58 万人，

---

① 资料来源：倪安杰. 上海公安出入境外国人管理发展沿革［EB/OL］. 国家移民管理局，［2019 - 06 - 24］. https://www.nia. gov. cn/n741435/n907688/n932720/n1008173/n1029047/n1029059/n1029121/c1035606/content. html.

所占比例下降9.08%。外籍人口居留时间明显增长，就业和定居人口占比也大幅度上升。但由于2020年新冠疫情在全球范围大流行，国际移民的迁移流动也因疫情产生严重的牵制和改变，更对中国第七次人口普查的外籍人口调查带来了困难和影响。目前全国外籍人口在区县级别的数据未能公开，本书主要以第七次全国人口普查（以下简称"七普"）宏观数据进行分析，并以第六次全国人口普查（以下简称"六普"）数据进行深入分析、比较和补充。

第六次全国人口普查数据显示，在中国境内居住的外籍人口按国籍分，人口数量排在前三位的国家是：韩国120750人，美国71493人，日本66159人。其次是缅甸、越南、加拿大，分别为39776人、36205人和19990人；之后为法国、印度、德国和澳大利亚，分别为1.50万～1.3万人。"六普"至"七普"以来的十多年，按国籍分在上海居住的外籍人口最多的国家排列并没有太大变化，外籍人口国籍仍分布在发达国家，但发展中国家人数比例在增多，如越南和缅甸。

"七普"数据显示，外籍人口按居住地主要分布在中国的沿海城市，依次前十名的省份分别为：云南37.67万人，上海10.02万人，广东7.85万人，北京4.50万人，福建3.56万人，浙江3.09万人，江苏2.98万人，广西2.26万人，辽宁1.87万人，山东1.84万人。广东省和云南省由于地缘因素、宜人的自然环境和气候条件，吸引了一批适应热带气候的缅甸人、泰国人及非洲的外籍人口，大幅度赶超"六普"位居第一的上海。特别是云南，从文化和旅游部入境旅游人数统计来看，泰国外籍人口在云南省分布是最多的，泰国在云南旅游、学习、商务都非常多，所以和相邻的广西相比云南辐射了东南亚中南半岛，地缘优势非常明显。因此，云南也成为中国边境人口组成最复杂、管理难度最大的省份。虽然云南省外籍人口总量位居第一，但是云南有着漫长的边境线，外籍人口分散在了边境线处的各个城镇，城市里的外籍人口数绝对值较低，城市融入度不高。

3.2.1　外籍人口的数量变化

在这里仅用"七普"数据做初步的分析，并用数据进一步补充解析。

上海外籍人口的数量增长较快，常住外籍人口增长迅速，但占常住人口的比重依旧较低。从普查数据来看，2000 年上海常住外籍人口数量仅 4.54 万人，到 2019 年上海常住外籍人口数量为 17.03 万人。2020 年疫情对外籍人口迁移和"七普"带来了严重的影响，目前 2020 年在上海的外籍人口统计的数据仅为 10.02 万人。通过上海历年外籍人口统计数据（见图 3-1），我们发现 2001 年至 2005 年这五年间的增长速度最快，增长率都达到 20%以上，2005 年以后增长速度减缓，2010 年之后的十年间常住外籍人口数量开始稳步在 16 万~17 万人。其中，2013 年上海常住外籍人口数达到了 17.64 万人，2014 年

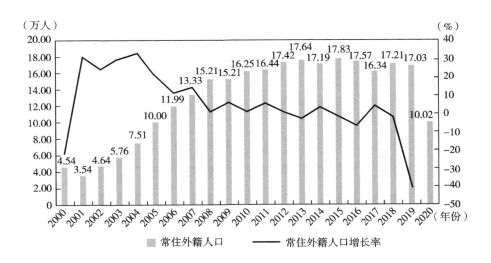

图 3-1　2000~2020 年上海常住外籍人口数和增长率变化

资料来源：2000~2019 年的数据来自《上海统计年鉴》，2020 年《上海统计年鉴》取消了此数据的公布，因此 2020 年使用人口普查数据。

将近 17.19 万人，2018 年将近 17.21 万人，外籍人口比重已由 2000 年的 0.28% 上升到 2014 年的 0.71%，上海的常住外籍人口数在全国各省份中居前位。虽然上海外籍人口数保持常年持稳增长，但在占常住人口中的比重方面，与其他一些国际化大都市相比仍存在较大差距。在纽约、伦敦等国际性大都市中，外籍人口一般占总人口的 10% 以上。

上海常住外籍人口的增加与外资经济的发展密切相关，上海吸引了大量的外资企业。外资经济已经成为推动上海经济发展的重要动力之一。从《2023 年上海市国民经济和社会发展统计公报》来看，2023 年新设外商投资企业已有 6017 家，比上年增长 38.3%；全年外商直接投资实际到位金额 240.87 亿美元，增长 0.5%。截至 2023 年末，在上海投资的国家和地区达 193 个，上海市累计认定跨国公司地区总部 956 家，外资研发中心 561 家。年内新增跨国公司地区总部 65 家，外资研发中心 30 家。上海常住外籍人口中外资企业工作人员及家属是最重要的组成部分，因而上海外资企业的发展也成为吸引外籍人口来上海居住的重要原因。

3.2.2　外籍人口的国籍分布

上海的外籍人口来源国非常广泛，共涵盖了 214 个国家和地区，其中主要来源于发达国家，日本、美国和韩国的人数最多（见图 3-2），三个国家的人口占到总常住外籍人口的一半（51.03%）。其中，日本人达到 2.97 万人，占总数的 20.74%，美国、韩国来沪人数分别为 2.36 万人、1.98 万人，分别占总数的 16.49%、13.81%。日本、韩国由于与中国同属东亚文化圈，地理位置相邻近，经济联系密切，在沪人口较多。欧美一些主要移民大国美国、法国、德国、加拿大成为主要来源国，而非洲国家外籍人口的来源国较为分散，近些年非洲外籍人口增长规模稍有上升趋势。

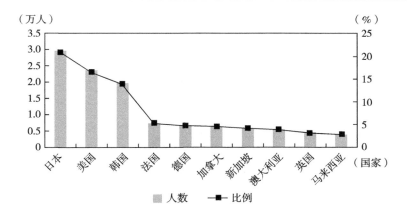

图 3-2　2010 年上海常住外籍人口的前十名来源国

资料来源：《2010 年上海市人口普查年鉴》。

3.2.3　外籍人口受教育程度

外籍人口的平均受教育年限较高，高学历人口占有很大比重。2010 年，上海外籍常住人口平均受教育年限为 12.8 年①，受过大专及以上高等教育的人口比重高达 71.03%，其中研究生学历人口占到总人口的 15.61%，大学本科学历人口占到总人口的 49.08%。由此得出，在上海常住外籍人口以高学历人才为主，且通常举家迁移。受教育程度中的小学（8.92%）和初中（4.60%）这部分人在很大程度上应是随父母迁移的学龄人口，在上海接受相应的教育。从图 3-3 可以看出，未上过学的人口占到总人口的 9.08%，这部分人也应该是随父母迁移的年龄较小的人口，侧面反映了未来几年上海常住外籍人口的就学需求较大。

---

① 上海市统计局.2010 年上海境外人员的现状与特征［EB/OL］.上海统计局官网，［2011-12-18］.https：//tjj. sh. gov. cn/tjfx/20111218/0014-237137. html.

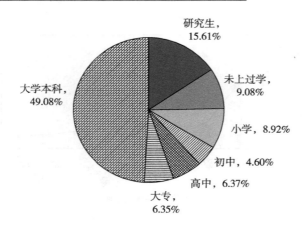

图3-3　2010年上海常住外籍人口的受教育程度

资料来源:《2010年上海市人口普查年鉴》。

图3-4显示,未上过学的人口中日本人人数最多,有2768人,所占比重达到21.28%;其次是美国,未上过学的人数有2425人,所占比重达到18.65%。此外,韩国、法国、德国未上过学人数也较多,分别占到9.88%、6.37%、5.83%。这部分未上过学的人口绝大多数是在未来具有就学需求的,因此,各国在上海的就学需求存在不同,日本、美国、韩国等国的就学需求较大。

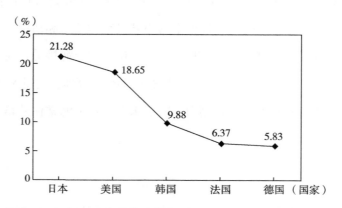

图3-4　2010年上海常住外籍人口中未上过学人口的国籍比重

资料来源:《2010年上海市人口普查年鉴》。

3.2.4　外籍人口年龄结构

上海常住外籍人口中以 15～64 岁的劳动年龄人口为主，所占比重达到 76.34%，其中以男性人口为主，15～64 岁年龄段男女人数相差较大。在沪外籍人口中男性人口占 58.47%，女性人口占 41.53%，性别比为 140.77。从图 3-5 可看出，15～64 岁劳动力人口最多，占外籍人口总量的 76.33%，该劳动年龄段的男女人数差距并不明显，男性人口比女性人口仅多 2.28 万人。分别从各年龄段的男女比重来看，0～14 岁少年儿童中男性人口占 51.10%，女性人口占 48.90%；15～64 岁劳动年龄人口中男性人口占 60.42%，女性人口占 39.58%；65 岁及以上的老年人口中男性人口占 63.25%，女性人口占 36.75%。主要由于上海常住外籍人口的居住形式呈现家庭化现象。"六普"数据显示，居住在上海的外籍人口家庭户达 7.49 万户[①]。这种家庭化现象出现原

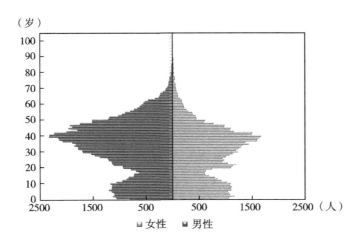

图 3-5　2010 年上海常住外籍人口的年龄金字塔

资料来源：《2010 年上海市人口普查年鉴》。

---

①　上海市统计局.2010 年上海境外人员的现状与特征［EB/OL］.上海市统计局官网，［2011-12-18］.https：//tjj.sh.gov.cn/tjfx/20111218/0014-237137.html.

因主要有两方面：一方面，随着越来越多的外籍人口在上海生活工作，外籍人口与本地居民的涉外婚姻数逐年上升，2022 年上海市登记的涉外婚姻达 828 对，1990~2022 年累计达 52390 对①；另一方面，留学人员及外资企业工作人员的家属来上海家庭团聚。此外，65 岁及以上的老年人口也占有一定比重，占到 2.09%，这主要是因为久居国外的老年外籍华人因国家社会经济发展和个人思乡之情而回归祖国，2011 年上海基本侨情调查数据显示，2000 年以来上海回流的外籍华人中 4.9% 的人员是"落叶归根"型。

3.2.5　外籍人口来上海的原因和居住时间

外籍人口来上海的主要原因是就业、学习和商务，分别占比 28.80%、22.36% 和 20.15%。以涉外婚姻及外企工作人员家属引起的探亲人口比重也达到 11.25%。然而，来上海定居的外籍人口较少，仅占到 7.18%。各国人口来上海的原因存在一些差异。从前五名主要来源国（日本、美国、韩国、法国和德国）来上海原因来看，商务和就业占有很大比重，尤其是在上海日本人，由于商务和就业原因来上海的比重占到 24.69% 和 31.56%；韩国人来上海的最主要原因是学习，该比重占到 38.40%；而美国人在上海定居的比重要高于其他四个国家，占到 11.35%（见表 3-1）。此外，非洲国家人员来上海的原因与其他国家相比又存在不同，非洲人员来上海主要是为了学习，由于中国和非洲源远流长的友谊和良好的中非教育合作关系，学习人数占到总人口的 57.89%。总体而言，来源国自身的社会经济发展状况及与中国的政治经济关系在整体上决定了该国人员来上海的原因（朱晓林，2013）。

从各个区县的差异角度来看，因探亲来沪的外籍人口主要分布在闵行区和长宁区和浦东新区，分别为 13449 人、12561 人、19778 人，崇明区和金山区的人数很少，分别为 36 人、53 人，这和外籍人口来沪区县分布状况密切相关，

---

① 《上海市统计年鉴》（2023）。

表 3-1　非洲及前五名主要来源国人员的来沪原因占比　　　单位：%

来沪原因 ＼ 国家或地区	非洲	日本	美国	韩国	法国	德国
商务	10.70	24.69	20.77	18.08	17.84	22.98
就业	17.00	31.56	26.71	18.50	32.65	30.84
学习	57.89	16.22	17.15	38.40	20.36	16.83
定居	3.70	5.04	11.35	5.53	7.75	6.47
探亲	4.74	11.54	13.29	13.85	7.58	7.54
其他	5.96	10.95	10.74	5.64	13.82	15.33

资料来源：《2010 年上海市人口普查年鉴》。

闵行区、长宁区、浦东新区是外籍人口在沪的主要集聚地；因旅游来沪外籍人口依然主要分布在闵行区、长宁区、浦东新区，分别为 10975 人、16062 人、17463 人，崇明区人数很少，只有 76 人，这说明外籍人口来沪旅游主要是参观上海城市景观；因商务来沪外籍人口主要分布在闵行区、长宁区、浦东新区、徐汇区分别为 7112 人、5942 人、6729 人、3026 人；因就业来沪外籍人口主要分布在闵行区、长宁区、徐汇区，分别为 6846 人、5321 人、6286 人；因留学来沪的外籍人口主要分布在闵行区、浦东新区、松江区、徐汇区，分别为 1258 人、526 人、1080 人，这主要是因为这些地方集中了上海大部分高校（见图 3-6）。

　　2010 年，外籍人口在上海平均居住时间较短，平均居住时间为 21 个月[①]。在上海居住时间为两年至五年的人数最多，所占比重为 31.15%，其次为一年至两年，占到 21.36%。另外，在上海居住五年以上的外籍人口也较多，人数有 2.78 万人，占到 19.42%（见图 3-7），这说明有较多外籍人口选择在上海长期居住。平均居住时间较长的境外人口主要来自韩国、马来西亚、新加坡、

---

　　①　上海市统计局.2010 年上海境外人员的现状与特征［EB/OL］.上海市统计局官网，［2011-12-18］. https：//tjj.sh.gov.cn/tjfx/20111218/0014-237137.html.

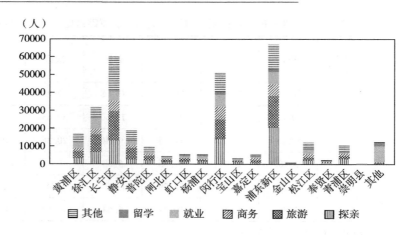

图 3-6　上海常住外籍人口的来沪原因分区县状况

资料来源：《2010 年上海市人口普查年鉴》。

英国、法国、德国和加拿大，平均居住时间都为 21~22 个月①。

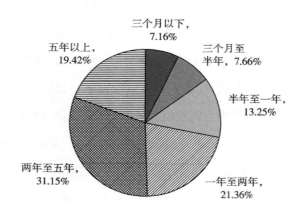

图 3-7　2010 年上海常住外国人口来沪时间状况

资料来源：《2010 年上海市人口普查年鉴》。

① 上海市统计局.2010 年上海境外人员的现状与特征 [EB/OL].上海市统计局官网，[2011-12-18].https：//tjj. sh. gov. cn/tjfx/20111218/0014-237137. html.

3.2.6　外籍人口空间集聚与分布

根据"六普"数据，上海外籍人口空间分布呈现"大分散，小集聚"的特点。除偏远郊区的几个街镇无外籍人口居住，其他各街镇都有外籍人口，在广域空间上分布分散。上海外籍人口的居住地又具有局部区域集聚的特点。上海外籍人口主要集中分布在中心城区和周边的几个街镇，如居住在闵行区虹桥镇（3.93 万人）、长宁区虹桥街道（2.30 万人）、浦东新区花木街道（1.65 万人），而处于郊区的很多街镇，外籍人口多在 100 人以下。

利用热点分析可以看出高值集聚或低值集聚的分布状况：大部分呈随机分布状态，而浦东和浦西两个区域形成分布热点。本节利用 ArcGIS 10.0 软件对上海各街镇外籍人口的空间集聚状况进行热点分析，计算出各街镇的 G_i^* 统计量 Z 值。分析结果表明，上海外籍人口在空间上并没有形成显著冷点区域，较冷点区域主要分布在郊区的一些偏远街镇，这些地区与其他街镇相比经济发展相对落后，基础设施相对较差，外资企业也相对较少，因此缺乏对外籍人口的吸引。而在浦东和浦西形成了两个显著热点区域，浦东的热点区域主要以花木街道、陆家嘴街道、张江镇等为主，浦西的热点区域主要以虹桥镇、虹桥街道、徐家汇街道等为主，这些地区经济发展较快、基础设施较完善，大量的外资企业和驻华机构也多分布于此，同时建设有较多的涉外高档公寓，形成了一些国际社区。统计显示，上海外籍人口所形成的热点区域主要沿地铁二号线呈带状分布，地铁二号线连接虹桥机场和浦东机场两个航空港，该线从青浦区徐泾东站，经过有中华第一街之称的南京路，穿越黄浦江，到达浦东新区张江高科技园区，并且再续经唐镇、川沙等地，最后到达浦东国际机场，被称为是连接上海过去和未来的纽带。此外，还可以看出上海外籍人口在各街镇的分布大部分呈随机分布状态。

从各区县总量来看，外籍人口最多的为浦东新区，外籍人口数达到 33703

人，占到总数的 23.54%；其次为长宁区、闵行区和徐汇区，外籍人口比重分别为 21.59%、16.17% 和 10.16%。而处于远郊区的奉贤区、崇明区和金山区外籍人口相对来说比较少，人数都在 500 人以下，所占比重不足 1%[①]。由此可看出，在沪外籍人口在区县尺度上的分布是不均衡的；某些处于郊区的区县（如浦东新区、闵行区、青浦区）外籍人口总量还要多于一些中心城区县。这种不均衡的"大分散，小集聚"分布特点形成的原因主要有两方面：一是在郊区经济的发展中，生活服务设施得到了重视，并在规划建设过程中成功建成了一批高档公寓，使外籍人口的居住不再局限在基础设施完备的中心城区。同时，郊区工业区的发展吸引了大量外资企业的入驻，如 2011 年上海市莘庄工业园区内落户的外资企业就有 376 家，从而使工业园区所在的周围地区成为外籍人口的居住点。二是中心城及其边缘区具有明显的历史发展区位优势。中心城及其边缘区发展历史相对较早，在历史上也是外籍人口的集中分布区，不仅具有相对完善的基础设施，还聚集了许多领事馆、驻华办事机构、外资企业和著名学府，因此成为在沪外籍人口集聚地。

在区县尺度上外籍人口分布不均衡，在中心城内部的分布要比郊区相对均衡。在沪外籍人口在各区县内部的分布状况也是各异的，这种区县内部集聚情况差异的主要原因是：中心城由于外资企业集中、交通便利、生活娱乐设施齐备等，成为外籍人口的常住集聚地，且中心城各街道发展历史较久，各项生活基础设施条件相差不大，因而分布较为均衡；而处于较为偏远的郊区区县，由于平均基础设施和发展水平远低于中心城，外籍人口倾向于选择外资企业所在地周边或基础设施较好的街镇生活，此外还有一些地区是由于历史原因成为集聚地。

---

① 上海市统计局. 各地区按来源地分的境外人口 [EB/OL]. 上海市统计局官网，[2010-06-13]. https：//tjj. sh. gov. cn/tjnj/2010rktjnj/C020102. htm.

3.3　本章小结

回顾上海国际移民百年历史，通过历史比较可以发现：①从外籍人口规模来看，虽然其总量在增加，但人口比重远未及近代时期的上海。1942 年上海外籍人口达到当时最高峰 15.09 万人，占上海总人口比重的 3.8%（邹依仁，1980）。根据《上海统计年鉴 2009》，虽然 2008 年上海外籍人口已经超越 1942 年，达到 15.21 万人，但由于上海常住人口规模的增加，其基数庞大，使外籍人口占比下降到 1% 以下，城市的国际化程度也远不如近代时期的上海。②从国籍分布来看，由于租界的设立，近代上海外籍人口主要来源国为英国、美国、法国三个国家和之后兴起的日本。这和当时此消彼长的各国势力盛衰及国际地位密切相关。如今，美国、日本、法国依旧是上海外籍人口最为主要的来源国。③"华洋杂居"所带来的经济效益和商机是外籍人口来上海最主要的原因。而沿河、沿江所开辟的租界及其苏州河沿岸的产业集聚地成为影响外籍人口空间分布最主要的原因，这种以交通便利、产业集聚和国家政策的影响力即使对现在的外籍人口空间集聚也产生着巨大的影响。④不管是租界时期虹口地区形成的"小东京"，还是如今虹桥镇附近的"韩国城"，外籍人口聚居区为外籍人口提供了良好的环境，有利于其最初适应本地生活。但从长远来看，"华洋杂居"才更有利于城市经济发展和移民的融入。"海派文化"和"洋泾浜英语"的形成就是当时多元的思维模式和多维价值观念碰撞、融合后的结果。如今海派文化的特点是海纳百川的，其追求多元新奇的人文环境相对于中国其他地域文化而言，开放的心态更有利于外籍人口城市融入。可见，以文化为主导的影响力对外籍人口城市融入的影响是长期的。

第 4 章

上海外籍人口城市融入的
评价指标与体系建构

前两章通过理论文献综述的回顾与总结，对上海外籍人口的历史变迁、现状特征进行了全面探究，进一步为建构理论模型奠定了良好理论基础。而要对某一特定群体的城市融入做深入研究，必须先建立计量模型，通过该模型来探索该群体影响城市融入各因素之间的关系、作用大小。城市融入一直以来都是个多维度的概念，仅凭单个指标或某一层面进行相关分析、回归分析很难得到关于城市融入的综合判断。以往国内外关于外籍人口城市融入的层面与维度的研究，更多的是从定性分析得出的结果，一些研究即使是基于定量得出的结论，也是主要以文化认同或某个维度作为因变量，单一解释城市融入的效应机制。因此，符合外籍人口的群体特征的城市融入评价指标体系还未有前车之鉴，必须经过一个严谨细致的探索过程。基于研究需要，本章依托结构方程模型量表，力求全面、科学而又准确地挖掘出与城市融入关联性最强、贡献度最大的因素，为构建和提升中国外籍人口城市融入评价体系提供定量科学决策依据。

欧盟和美国对国际移民的城市融入问题高度重视，形成了各自的理论体系、城市融入的指标体系或国际移民整合指数等。目前，国内研究只构建了流动人口的城市融入指标体系和理论体系，还未曾涉及外籍人口这一特殊群体的指标体系构建。如果说西方跨境、跨民族移民中，把城市融入归因于职业隔离和居住隔离，强调文化差异是合适的，那么在中国外籍人口城市融入中，这种差异是否合适？语言和风俗文化差异是否也同样合适？不平衡的社会保障机制、子女教育机会不均等因素，是不是导致上海外籍人口与本地市民职业隔离和居住隔离的重要因素？这些因素是否仍是城市融入主导因素？城市融入各构成因素之间复杂关系究竟如何？比较经济整合、文化融合、心理认同和政治因素等在导致外籍人口与本地市民间的城市融入中的作用有何等重要？借助结构方程模型（Structural Equation Modeling，SEM）的四个步骤：①探索性因子分析建构测量模型，获取测量指标和潜变量（维度）；②验证性因子分析验证测量模型，并通过竞争性模型选择；③路径分析建构标准结构模型，并获取先验分布；④贝叶斯结构方程模型最终确立。通过以上依次递进的过程，构建上海外籍人口城市融入的测量指标体系，确立贝叶斯结构方程模型，为下一章探讨影响外籍人口城市融入的关键因素作技术性支持，从而寻找出解决以上种种问题的脉络是本章的目标。

4.1　理论模型建构

根据文献研究结果，通过参考西方国际移民理论及国内对于流动人口社会融入的指标设计，针对研究对象为外籍人口的自身特点，对指标体系进行修改和补充。经过咨询多位人口学和社会学领域专家，最终确定所选用的一级指标（维度）。上海外籍人口城市融入程度主要指外籍人口与本地城市居民相互配合、相互适应并彼此认可的程度，以及外国文化与上海主体文化相互适应的程度。下面对被确定的一级指标体系进行简述：

（1）经济整合

经济整合是指外籍人口在上海地区经济结构方面面临的挑战及在劳动就业、经济收入、消费、生活环境、社会保障、教育培训六个方面的融入情况，是个体经济地位的综合反映。这六个方面即经济整合的具体指标，每个指标由多个变量或属性构成。

（2）行为适应

行为适应是评价外籍人口在上海是否融入以及融入程度如何的重要指标。外籍人员的融入不仅体现在口头上的融入，更体现在实际的日常生活行为上，人际交往、社区参与、生活习惯、婚恋行为、子女教育等方面均为具有可行性的显性指标，并且在配合外籍管理服务工作的程度上都可以得到显性的体现。

（3）文化认同

外籍人员来到上海生活，面临再社会化的过程，文化认同是社会融入的隐性维度，外国人认可、接纳上海的本土文化需要较长的过程，并且文化认同的程度会受到经济整合和行为适应的影响，而文化认同的程度也会对经济整合和行为适应起到重要的促进或阻碍作用。文化适应有时会超前或者滞后于行为适应和经济整合的速度。文化认同即对语言、宗教、人文风俗的了解和理解程度，其具体包括价值观念及风俗习惯等指标。

（4）心理归属

心理归属是外籍人员对于上海整体距离感的思考和认知，具体通过对于上海的满意度、居留意愿表现出来，并且受到在上海是否遭遇过差别化待遇的显著影响。如果外国人在上海产生了较深的感情，归属感会增强，会愿意与中国人结交朋友，从而使其在中国社会的融入程度提升。

城市融入的结构方程模型维度如图4-1所示。

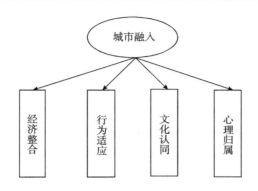

图 4-1　城市融入的结构方程模型维度

4.2　指标建构和数据采集

由于图 4-1 中的一级指标都是不能直接准确测量的潜变量，因此必须为每个一级指标选择合理的测量指标。指标（Indicator）来自拉丁文"Indicare"，具有指示、指明等含义，一般由两部分构成，即包括指标名称（特定维度）和数值（具体数值）构成。选择指标是非常重要的基础性工作，指标选取在很大程度上影响最终评价结果。在构建指标体系时须遵循科学的选取原则，选取过多会形成统计上的"多重共线性"，无谓增加评价成本；指标选取过粗过少，不能反映事物全貌，使评价缺乏效度。如何选取适量、适当、能反映客观真实情况指标，是建立模型后的首要工作。

4.2.1　指标体系构建原则

（1）针对性和系统性原则

选取的每一个指标都能从一个侧面反映城市融入的某个要素。同时，城市融入是一个复杂的系统，涉及有形、无形、宏观、中观、微观等多方面，整个指标体系基本上系统、全面、综合地反映了城市融入涉及的各方面。

（2）独立性和代表性原则

每个指标尽可能地代表要素某个方面的特质，而某个特质也尽可能地用少而精的指标来反映，避免指标间出现多重性。并且，指标本身只是其可测量、可观察的外显表现，必须能反映其所代表的因素特性。

（3）可行性和可比性原则

评价体系需要全面、完整地反映被评价对象的状况，只有这样才能从本质上对评价对象做出分析。但是由于现实中条件的约束对研究进行了限制，如指标数据的可得性等都影响到指标的使用，为此构建指标体系需采取可行性与可比性相结合的原则。

4.2.2　指标体系结构设计

"城市融入"是一个动态的、多维度的、互动的、渐进式的概念，是一个综合而有挑战性的概念。目前，从称谓、概念界定到操作化定义等均未能取得统一，只有构建一个统一的、一致的、与理论相对应的有效测量维度和测量指标体系，才能使当前及已有的研究具有可比性，并反映这一概念的动态变化过程。尽管杨菊华（2010）已经构建了社会融合的测量维度及指标体系，但其所设的指标主要针对的是国内流动人口的社会融合，尽管国外主要针对的是国际移民但依旧是以贫穷地区向发达地区的移民融入为主，与目前以发达国家来沪为主的外籍人口城市融入还存在差距。针对发展中国家外籍人口特征的指标还未确立，且任何一个指标体系都是有缺陷的，笔者追求通过科学指标体系最大限度反映测量事物。为了实现这一目标，笔者根据上述原则，确定了指标，具体如表4-1所示。

表 4-1　外籍人口城市融入测量指标建构

一级指标	二级指标	三级指标
经济整合 E	就业 E1	职称 E11、工作满意度 E12
	收入 E2	月收入水平 E21、来沪前后的收入比较 E22、收入满意度 E23
	消费 E3	来沪前后的支出比较 E31
	生活环境 E4	居住情况 E41、住房满意度 E42
行为适应 B	人际交往 B1	中国朋友数量 B11、交往意愿 B12、交往朋友类别 B13
	社区参与 B2	参与社区活动频率 B21
	生活习惯 B3	与本地人冲突 B31、行为失范 B32
	子女教育 B4	鼓励子女与中国孩子交往 B41、与中国人结婚 B42
	外籍管理服务工作 B6	行政管理服务满意度 B61、申办绿卡的意愿 B62
文化认同 C	语言 C1	本国语言使用 C11、中文使用 C12、语言选择 C13
	宗教 C2	在上海宗教活动 C21
	人文风俗 C3	对中国饮食 C31、传统节日 C32、风俗习惯的接纳程度 C33
心理归属 P	差别化待遇 P1	受到差别化待遇的经历和感受 P11
	对上海的整体认知 P2	生活满意度 P21、对上海喜爱程度 P22、对上海不满意的方面 P23
	居留意愿 P3	打算在上海居住的时间 P31

　　注：最初在理论构建中 B5 被专家要求舍去，因此二级指标中没有 B5。在后期的研究过程中，笔者对先前理论研究中初定的 B21、C12 和 P11 概念进行了合理的修改，B21 改为了社区活动频率，C12 改为了对中文了解程度，P11 改为了不公正待遇。

　　本书初步确定的 15 个二级指标：①反映"经济整合 E"潜变量的 4 个指标为就业 E1、收入 E2、消费 E3、生活环境 E4。②反映"行为适应 B"潜变量的 5 个指标为人际交往 B1、社区参与 B2、生活习惯 B3、子女教育 B4、外籍管理服务工作 B6。③反映"文化认同 C"潜变量的 3 个指标为语言 C1、宗教 C2、人文风俗 C3。④反映"心理归属 P"潜变量的 3 个指标为差别化待遇为 P1、对上海的整体认知 P2、居留意愿 P3。

4.2.3　指标体系基本内容

　　在此基础上进一步筛选各潜变量测量指标后，构建结构方程模型，如

图 4-2 所示。

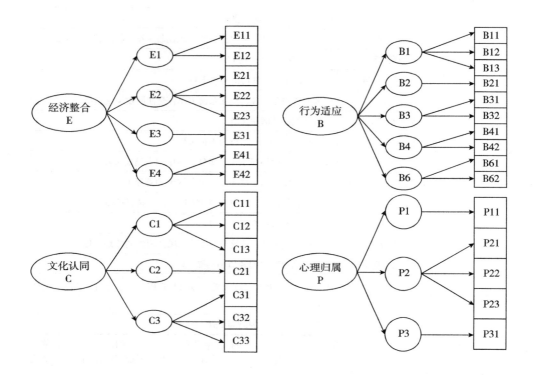

图 4-2   四个维度的 SEM 模型结构设计

4.2.4   数据来源调查过程

本书得到国家社会科学基金项目的大力支持和资助，并邀请华东师范大学人口研究所修读过社会调查相关课程，并经过专业调查培训的 2 名博士研究生和 4 名硕士研究生与笔者共同参与此次调查访问。虽然本次调查数据无法遵守严格的随机抽样，但通过对上海市境外人口所有服务点的问卷调查回收，使样本基本上遍及所有上海市外籍人口集聚点，因此问卷调查数据具有一定的代表性。总体而言，它仍存在非概率抽样的诸多局限，故视为一种探索性研究。

（1）样本获得

本问卷调查根据随机抽样原则，在上海全市范围内的 33 个境外人口服务站①随机发放问卷。在发放问卷过程中，笔者得到了上海市出入境管理局有关方面的大力协助，使问卷的发放覆盖面较全、回收率高，更加体现当面发放问卷的优势。并进一步对外企进行了问卷调查。对位于上海张江高科技园区和紫竹科学园区等各科学园区、经济发展区和自贸区的外企进行问卷调查。最终，本次调研通过以上各种途径共发放问卷 1121 份，剔除无效问卷后，获得有效样本 1012 份，有效回收率为 90.28%。

（2）个案访谈

收集资料期间，考虑到研究方法的相互结合和佐证材料的充实性。选择一些典型性的个案进行深入访谈。访谈对象主要涉及常住外籍人口和本地上海常住人口，选择口径为在上海居住三个月及以上的外籍人口。最终有 24 位外籍人口接受了比较正式的访谈，其中外籍人口女性 9 人，男性 15 人。来自欧美国家的有 14 人，年龄在 26~54 岁，其余 10 人分别来自以亚洲国家为主的日本、韩国以及非洲等，年龄在 18~39 岁。访谈内容主要围绕外籍人口子女教育、宗教信仰、社会保障等问题开展访问，平均每个个案访问时间为 30~60 分钟。

4.3　变量的测量处理与测量模型的分析讨论

一个完整的标准结构方程模型中通常由测量模型（Measurement Model）和结构模型（Structural Model）的两个次模型组成。测量模型是指测量变量与潜

---

① 上海 33 个境外人口服务站已涵盖上海所有各区县的外籍人口聚居区。

变量之间的关系模式；而结构模型指的是潜变量之间的关系，以及模型中其他变量无法解释的变异量部分。在结构模型中，通常一组回归分析中的参数是可估计的，这个分析在统计上称为"路径分析"。把结构模型和测量模型整合起来就是标准结构模型，也称为"全模型"。它整合了因子分析与路径分析两种统计方法，同时检验模型中包含的显性变量、潜变量、干扰或误差变量间的关系，进而获得自变量对因变量影响的直接效果、间接效果或总效果。结构方程模型的基本求解思路本质上是一种验证式的模型分析，此种验证或检验就是在比较研究者所提出的假设模型隐含的协方差矩阵与实证收集数据导出的协方差矩阵之间的差异。其基本假定是：样本数据要符合多变量正态性假定，数据必须为正态分布数据；测量指标变量呈现线性关系。

4.3.1　指标体系的描述性统计

根据理论设想构建的高阶因子（Higher-Order Factor）分析模型在 Mplus 中经过 20 次迭代未能收敛，增加迭代次数后收敛，但模型拟合效果一般。其主要原因是模型设计过于复杂，且根据国内流动人口的社会融合指标和国外国际移民整合指标构建的模型与中国外籍人口城市融入的实情存在差异。需重新通过探索性因子分析构建测量模型，对维度和测量指标都进行了调整。最终，对观测变量由 1 至最大取值范围作为赋分值，通过探索性因子分析确定了 6 个潜变量和 21 个测量指标。从宏观角度来讲，外籍人口城市融入除原有的经济整合、行为适应、文化认同、心理归属四个维度外，增加了社会建构、政治认同，共六个维度在不同程度上影响着外籍人口城市融入综合水平。本书最终有效样本为 1012 个，样本数据描述性统计结果如表 4-2 所示。

除了外籍人员样本基本信息（性别、年龄、国籍、学历）如表 4-2 所示，其他所有测量指标的样本数据统计描述如表 4-3 所示。

表 4-2　上海外籍人口样本数据基本信息统计描述

变量	指标	有效频数	百分比（%）
性别	男	688	68.0
	女	324	32.0
年龄	20 岁以下	27	2.7
	20~29 岁	282	27.9
	30~39 岁	257	25.4
	40~49 岁	259	25.6
	50~59 岁	133	13.1
	60 岁及以上	54	5.3
国籍	亚洲	351	34.7
	美洲	291	28.8
	欧洲	315	31.1
	大洋洲	37	3.7
	非洲	18	1.8
学历	小学	29	2.9
	初中	36	3.6
	高中	78	7.7
	大专	84	8.3
	本科	472	46.6
	硕士研究生	265	26.2
	博士研究生	48	4.7

注：N=1012。

表 4-3　外籍人口城市融入样本数据统计描述

变量名称	样本数	平均数	标准差	最小值	最大值
E12	1012	1.557	0.784	1	4
E21	1012	3.351	1.427	1	6
E22	1012	2.477	1.077	1	5
E23	1012	2.191	0.947	1	5
E42	1011	1.961	0.960	1	5
B11	1012	2.106	0.972	1	4

续表

变量名称	样本数	平均数	标准差	最小值	最大值
B12	1012	1.557	0.878	1	5
B13	1012	2.553	1.181	1	5
B21	1011	2.948	1.034	1	4
B31	1011	2.948	1.034	1	4
B42	1012	2.864	1.296	1	5
B52	1012	1.919	0.875	1	4
B61	1011	2.433	1.011	1	5
B62	1012	1.964	0.867	1	4
C12	1012	2.577	1.002	1	4
C21	1012	2.543	0.688	1	4
P11	1012	2.466	0.678	1	4
P21	1011	1.928	0.818	1	5
P22	1011	1.596	0.766	1	5
I61	1012	1.708	0.519	1	4
I66	1012	3.036	1.610	1	5
I67	1012	1.694	0.902	1	4

注：此表是根据相关矩阵得出的统计结果，已删除相关关系不显著的变量；应模型建构修正的需要，调整了选项，增加了 B52（子女就学）、I61（在中国教育经历）、I66（与本地人社会保障差异）和 I67（住宿登记制的了解）四项测量指标。

4.3.2 观测变量的处理和检验

（1）信度分析

本章采用的量表，直接引用了社会融合的量表，并根据外籍人口的特征进行了调整，从量表使用的严谨性而言，信度和效度的检验仍是非常有必要的。信度（Reliability）是指使用相同研究技术重复测量同一个对象时得到相同研究结果的可能性，是评价测验结果一致性、稳定性及可靠性的指标。估计信度的方法有很多种，Cronbach's alpha（α）系数通常被认为是好的信度公式。Cronbach's alpha 所求出的数据，在数学原理上等同于计算题目之间的相关程度，通常用 α 信度系数来估计每个因子所属变量的系统变异。根据已有探索性研究所采用的标准，Cronbach's alpha 内部一致性值大于 0.7 是可以接受的。Cronbach's alpha 系数在 0.8 以上，则可以认为量表有较高的内在一致性，0.7 附近是"适中的"，0.5 是最小可以接受的范围。如果信度低于 0.5，表示信度略显不足，最好不要接受。用此系数来估计量表的信度时，还要注意其与量表题目数量的多少有关。本章从城市融入量表的整体信度和经济整合、行为适应、文化认同、心理需求、社会建构、政治认同六个维度的信度进行分析。

（2）效度分析

效度即有效性，是衡量量表好坏的又一重要标准，它是指一个量表能测量其所要测量的特质或行为的程度。量表的效度包括内容效度（Content Validity）、结构效度（Structure Validity）、构念效度（Construct Validity）以及效标关联效度（Criterion-related Validity）（见图 4-3）。

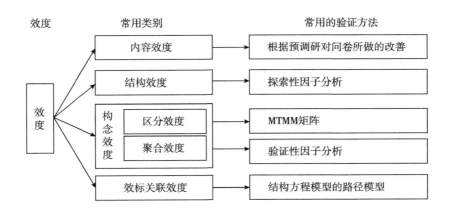

图 4-3　结构方程模型中效度的常用类别与常用的测量方法

内容效度又称表面效度，是指逻辑上能够清晰反映出研究中所要测量的概念和内容，测量项目的设计具有代表性和综合性。本章研究采纳了比较成熟的量表，其在开发过程中已经对问卷的内容效度进行了测量和保障，故不再测量使用量表的内容效度。

结构效度衡量了某测验能测量到理论上的变量或特质的程度，即测量得到的实证数据与要测量概念的理论逻辑相一致的程度。结构效度一般采用探索性因子分析和验证性因子分析。适用于因子分析的标准，通常以 KMO 值为准，0.6 为差，0.7 为一般，0.8 及以上为好（郭志刚、陈功，1999）。

构念效度是指构念的定义与测量之间的一致程度，它评价的是该构念在多大程度上获取了测量的特质或行为。因此，构念效度是评价测量质量的主要指标，由聚合效度（Convergent Validity）和区分效度（Discriminant Validity）组成。聚合效度是指不同观测变量是否可以用来测量同一潜变量，而区分效度是指不同的潜变量是否存在显著差异。效标关联效度是指多个潜变量之间的关系。

效标关联效度是指潜变量间的关系，可以通过结构方程模型加以检验。拟合指数通常有三类指标：第一类指标是绝对拟合指数，包括 χ^2/df、GFI、GFI、NCP、ECVI、RMSEA 等；第二类指标是相对拟合指数，包括 CFI、IFI、NFI、RFI、NNFI 等；第三类指标是简约拟合指数，包括 AIC、PGFI、PNFI、CN 值等。

采用 Mplus7.32 软件进行验证性因子分析时，软件所提供的各指数的拟合标准为：

χ^2/df（Relative Chi-Square），如果大于 10 表示模型很不理想，小于 5 表示模型可以接受，小于 3 表示模型较好，一般 2：1 或 3：1 是可接受的拟合程度。

P-Value，当 P-Value 大时，说明不显著，不拒绝假设模型；当 P-Value 小时，说明显著，拒绝假设模型。

CFI（包括 GFI、NFI、IFI、TLI）最低要求通常要大于 0.85，最好大于

0.90，越接近 1 越好。

RMSEA（Root Mean Square Error of Approximation） 应该等于或小于 0.05，越接近 0 越好。小于等于 0.05 表示假设模型的拟合程度好；0.08 ~ 0.10 时，表示模型拟合程度一般；超过 0.10 时，表示模型与数据拟合程度较差。

$$RMSEA = \sqrt{\frac{\max(X_m^2 - df_m, \ 0)}{N \times df_m}} \qquad (4-1)$$

其中，d 是模型中自由度的个数，G 是模型中群组的个数。

SRMR 平均相关残差小于或等于 0.07。

WRMR 平均加权残差小于或等于 1.00。

4.3.3　测量模型基本运行结果

在总样本中随机抽取将近三成的样本量（$N = 386$）用于探索性因子分析。根据理论模型构建的 30 项城市融入测量指标，用矩阵分析进行相关性分析。根据相关矩阵得出的统计结果，把相关关系不显著，与其他指标的大部分相关系数都小于 0.8，不适合做因子分析的指标找出，并在探索性因子分析中剔除[①]。因此，在原维度里剔除和调整的指标共 12 项测量指标：分别是 E11、E31、E41、B32、B41、C11、C13、C31、C32、C33、P23、P31。把相关关系显著，与其他指标的相关系数大于 0.8 的变量进行增加和调整：在新的维度中，增加了问卷项目中子女就学（B52）、在中国教育经历（I61）、与本地人社会保障差异（I66）和住宿登记制的了解（I67）四项测量指标，根据模型参数调整各维度中的测量指标，对模型进一步修正。假设因子间都存在相关性，用斜交旋转法，旋转后得旋转载荷矩阵，所得探索性因子分析结果如表 4-4 所示。

运用探索性因子分析方法，对所筛选的 22 项城市融入指标进行主成分法

---

① 相关系数 0.8 是在考虑外籍人口高度异质性与郭志刚和陈功（1999）研究成果依据所确立。

分析，采用 Mplus 默认方法对因子负荷斜交旋转后，KMO 值为 0.812，Bartlett 的球体检验值达到 1609.894。通常 KMO 值 0.6 为差，0.7 为一般，0.8 及以上为好（郭志刚，1999）。因而结果说明，总体上测量指标基本适合进行因子分析。

表 4-4　旋转后的因子载荷表

问项编号	心理归属因子	经济整合因子	行为适应因子	文化认同因子	社会建构因子	政治认同因子
E12	0.871*	0.175	−0.068	0.007	0.021	−0.042
E21	−0.015	0.817*	0.862*	0.042	0.166	−0.045
E22	−0.063	0.861*	0.022	0.080	0.101	−0.023
E23	0.191	0.832*	0.115	0.021	0.113	−0.191
E42	0.814*	0.032	0.424	−0.017	−0.022	0.851*
B11	0.186	0.117	−0.098	0.838*	−0.001	0.012
B12	0.801*	0.002	0.046	0.028	−0.050	0.834*
B13	−0.068	0.048	0.881*	0.012	0.023	0.274
B21	0.293	−0.164	−0.024	0.187	0.818*	0.872*
B42	−0.018	0.054	0.088	0.845*	−0.111	−0.046
B31	0.868*	0.065	0.857*	−0.006	−0.025	−0.033
B52	0.047	−0.026	0.859*	−0.032	0.003	0.807*
B61	0.854*	0.082	−0.012	−0.002	0.249	−0.005
B62	0.121	0.016	0.812*	0.809*	−0.077	0.858*
C12	−0.029	−0.162	0.035	0.873*	0.067	0.063
C21	−0.010	0.060	0.049	−0.033	0.973*	0.028
P11	0.834*	−0.031	0.815*	0.161	0.848*	0.006
P21	0.842*	−0.090	−0.042	0.025	0.061	−0.019
P22	0.825*	−0.134	−0.039	−0.006	0.009	0.037
I61	0.035	−0.066	0.255	0.083	0.893*	0.801*
I66	0.088	0.069	−0.043	−0.044	0.035	0.889*
I67	0.139	0.280	0.284	0.018	0.010	0.876*

注：N=386。* 表示在 8% 的水平上显著。

在结构方程模型（SEM）中确定模型维度（因子个数）的准则通常选用解释变量的相关性，从表 4-5 的模型拟合指数来看，其他假设模型 H_0 模型拟合中，P<0.05 差异不显著，拒绝原假设模型。而 F6 的模型拟合指数中 P>0.05，且其他各指数也都通过检验标准，因而接受原假设模型。所设的六个维度，依据测量指标的测定范围分别命名为：心理归属因子为 F1、经济整合因子为 F2、行为适应因子为 F3、文化认同因子为 F4、社会建构因子为 F5、政治认同因子为 F6。在通过探索性因子分析后，并对构建的测量模型不断修正和优化后，提取核心因子构建核心构成因素模型，即测量模型。

表 4-5 决定模型维度个数的拟合指数

维度	Chi-Square			RMSEA	SRMR	CFI	TLI
	χ^2	df	P				
F1	720.704	(189)	0.0000	0.085	0.100	0.697	0.664
F2	527.139	(169)	0.0000	0.074	0.083	0.796	0.747
F3	353.237	(150)	0.0000	0.059	0.064	0.884	0.838
F4	266.996	(132)	0.0000	0.051	0.052	0.923	0.878
F5	110.342	(101)	0.2480	0.044	0.043	0.952	0.912
F6	82.619	(86)	0.5810	0.029	0.032	0.981	0.961
F7	no. conv. 模型不收敛						
F8	no. conv. 模型不收敛						

注：N=386。

4.3.4 测量模型结果分析验证

（1）测量模型分析

通过理论分析所选取的四个维度，由于心理融合是社会融合的最高层次，所以在构建理论模型时把社会融合等同了心理融合。同时，根据专家评分只选取了外部因素中最重要的经济整合和文化融合。然而，通过探索性因子分析可以发现，原理论模型经过多次迭代后虽然收敛，但拟合效果一般，表示理论假设模型与样本数据无法适配，必须进行模型重构和修正才能有效适配样本数据。重新构建的模型获取了 6 个维度，以此构建的结构方程模型各项检验指标中，由于卡方值受到样本数大小的影响，在大样本的情况下，判断假设模型与样本数据是否适配，需参考卡方自由度，其比值为 2.83，在（1，3）范围内，模型拟合良好。此外，其他的适配度统计量，除 CFI 外，略低于良好适配度（0.95），其他各种指数适配度良好，说明假设模型与样本数据基本适配（见表 4-6）。通过外籍人口城市融入结构方程分析，验证了城市融入核心指标的关系，从侧面反映了社会建构和政治认同依旧是影响外籍人口城市融入最重要的两个维度，只是这些因素与国内流动人口和西方国际移民整合的指标相比，以不同的形式存在，并且这些核心指标在测量中国外籍人口的城市融入方面具有一定的说服力。本章所构建的城市融入测量模型及其核心指标大体上能通过实证数据验证了理论假说，能较好地剖析该群体的城市融入构成因素关系。

表 4-6   测量模型探索性因子分析结果

评价指标	χ^2	P	χ^2/df	WRMR	GFI	RMSEA	CFI	TLI
统计检验量	272.366	0.000	1.75	0.935	0.907	0.044	0.932	0.918
拟合标准	—	>0.05	<3.00	≤1.00	>0.90	≤0.05	>0.90	>0.90

注：N=386。

（2）各维度与测量指标的内在关联

重新建构的测量模型与理论模型在维度和测量指标上存在一定差距，根据测量模型可见：

F1 心理归属测量指标共 6 个，为 E12、E42、B12、B61、P21、P22，这些指标分别反映了工作满意度、住房满意度、交往意愿、行政管理服务满意度、生活满意度和对上海喜爱程度，从指标来看虽然也存在心理归属范畴，心理需求包含了心理归属，但相对于它内容更丰厚、层次更高。外籍人口在上海的生活、工作环境中更多地体现出全球化下国际移民对追求生活品质、幸福感和自我实现为核心的心理特征，因此把"心理归属"改为"心理需求"。

F2 经济整合由 E21（月收入水平）、E22（来沪前后的收入比较）、E23（收入满意度）三个测量指标构建而成。

F3 行为适应由 B13（交往朋友类别）、B31（与本地人冲突）、B52（子女就学）三个测量指标构建而成。

F4 文化认同由 B11（中国朋友数量）、B42（与中国人结婚）、C12（中文使用）三个测量指标构建而成。

F5 社会建构由 C21（在上海宗教活动）、B21（社区活动频率）、P11（不公正待遇）三个测量指标构建而成；

F6 政治认同由 B62（申办绿卡）、I61（在中国教育经历）、I66（与本地人社会保障差异）三个测量指标构建而成，从指标内容来看"制度接纳"应该更为确切，而不仅是"政治认同"。从侧面看外籍人口与中国政策制度的关系，反射出中国移民政策制度对外籍人口的接纳与包容。

（3）验证性因子分析结果

根据随机抽样安排，把总样本中剩下的 626 个样本用于验证性因子分析。由表 4-7 可知，CFI、RMSEA 等拟合指数处于可接受范围内。可见，根据最终测试数据的结果检验，本研究所用量表的结构是良好的。经模型修正后各观测变量与潜变量之间的回归系数较高，验证了城市融入核心指标的内生关系，即潜变量与指标间具有的相关关系。

表 4-7　测量模型验证性因子分析结果

评价指标	χ^2	P	χ^2/df	WRMR	GFI	RMSEA	CFI	TLI
拟合一	394.717	0.000	2.54	1.140	0.089	0.050	0.920	0.892

续表

评价指标	χ^2	P	χ^2/df	WRMR	GFI	RMSEA	CFI	TLI
拟合二	250.147	0.000	1.61	0.877	0.926	0.039	0.953	0.956
拟合标准	—	>0.05	<3.00	≤1.00	>0.90	≤0.05	>0.90	>0.90

注：N=626。

第一次拟合显示，$\chi^2=394.717$，$df=155$，P-Value=0.0000。在路径的标准化系数中，F5潜变量到P11的路径系数为-0.143，F6到I61的路径系数为-0.989，F3到B51的路径系数为-2.406。出现为负数的标准化路径系数，与模型的理论假设相矛盾，必须对有关的路径进行修正。模型拟合指数为CFI=0.920，TLI=0.892，RMSEA=0.050，WRMR=1.140，模型拟合效果一般。

对各因子分别进行模型评价与修正，对测量方程部分的修正主要是：①添加或删除因子负荷，即变动矩阵添加或删除因子负荷，即变动矩阵 Λ_x 或 Λ_y；②添加或删除因子之间的协方差，即变动矩阵 Φ；③添加或删除测量误差之间的协方差，即变动矩阵 Θ_ε 或 Θ_δ。模型评价结果F1、F2、F4三个潜变量模型评价较好（见图4-4），而F3、F5、F6需进一步进行模型修正。修正的结果为：删除F3（行为适应）中B31与本地人冲突的路径系数，添加I61（在中国教育经历）；删除F5（社会建构）中P11（不公正待遇）的路径系数，添加B31（与本地人冲突）；删除F6（政治认同）中I61（在中国教育经历）的路径系数，添加I67（住宿登记制的了解）。最终使整个模型修正指数能得到满意的拟合结果（见图4-5）。

F1、F2、F3、F4、F5、F6的潜变量模型分别嵌套于整体模型中，因此对总模型进行第二次拟合。第二次拟合显示，$\chi^2=250.147$，$df=155$，P-Value=0.0000。路径系数中，模型拟合指数为CFI=0.953，TLI=0.956，RMSEA=0.039，WRMR=0.877，模型拟合效果良好（见图4-6）。由表4-7的结果可以发现，经过两次模型修正，最终模型（拟合二）的各项指数都达到了拟合

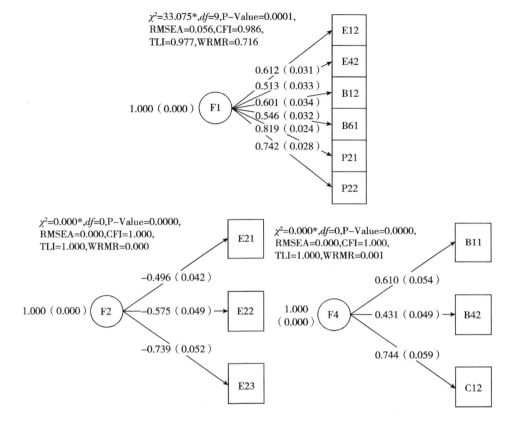

图 4-4　F1、F2、F4 修正后的单因素模型

标准。可以认为，本章所提出的模型的外在品质良好。

4.3.5　竞争性模型选择及结果讨论

（1）竞争性模型选择

定量研究者通常会追求简单又拟合得好的模型，笔者在运用结构方程模型进行分析时，根据有关理论和其他理由，提出若干个可能的模型（称为竞争性模型），通过比较模型的各种拟合指数，来选择一个最优模型。竞争性模型通常分为平行模型（Parallel Model）、Tau 等值模型（Tau-equivalent Model）、

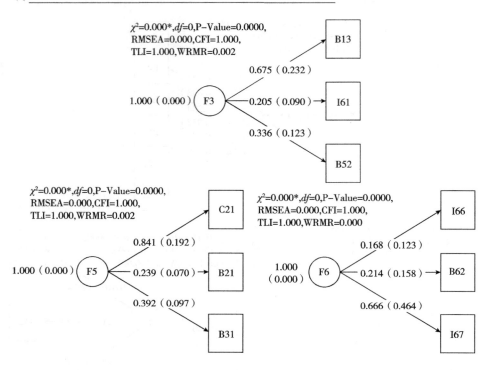

图4-5 F3、F5、F6 修正后的单因素模型

同类模型（Congeneric Model）、公共因子模型（Common-Factor Model）和近似同类模型（Near Congeneric Model）。本章通过五个模型的运行，选取了最优的两个模型进行比较，即同类模型与近似同类模型之间进行模型选择。

图4-6 中的模型为同类模型，其模型拟合指数（拟合二）在前文中已经被验证拟合效果良好，作为竞争性模型图4-7 中的模型为近似同类模型，拟合效果显示，$\chi^2 = 371.961$，$df = 168$，P-Value = 0.0000。路径系数中，模型拟合指数为 CFI = 0.899，TLI = 0.874，RMSEA = 0.055，WRMR = 1.109，模型拟合效果一般，不如同类模型拟合效果好，并且模型不够完整。因此，选择图4-6 同类模型为最终的核心构成因素模型，接下来所有的分析和讨论都以此模型为基础展开。

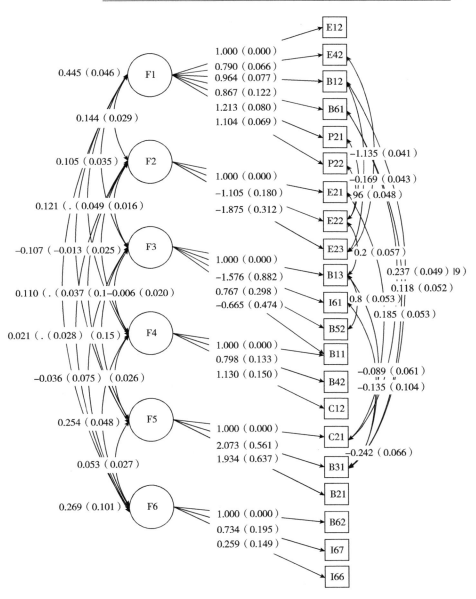

图 4-6   修正后的城市融入验证性因子分析

注：N=626。为确保真实性，结果选用 Mplus 输出文件，有些数据未能显示，但不影响显示主要结果。

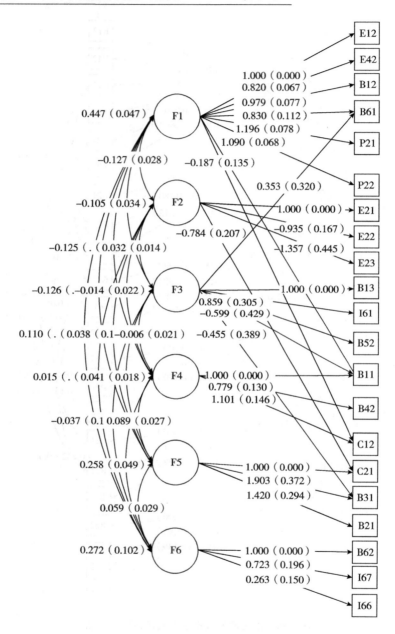

图 4-7　外籍人口城市融入竞争性模型

注：N=626。为确保真实性，结果选用 Mplus 输出文件，有些数据未能显示，但不影响显示主要结果。

本章最初根据探索性因子分析和以往文献整理出城市融入的 21 项核心指标，经过检验确定了 18 项指标。其中的核心指标用两次随机抽样调查数据进行验证性因子分析，都得出一致的结论，肯定了指标的重要作用。在此基础上，尝试替换相关的三个量表新指标并通过了检验。外籍人口城市融入指标整理如图 4-6 和图 4-7 所示，最终通过竞争性模型选择了前者，期望对外籍人口城市融入的量表建构能具有一定的参考价值。

（2）竞争性模型选择结果分析

"F1 心理需求"分别由 E12（工作满意度）、E42（住房满意度）、B12（交往意愿）、B61（行政管理服务满意度）、P21（生活满意度）和 P22（对上海喜爱程度）所构成，设 E12 为特定值 1 后，模型显示 P21 的载荷因子最高，即生活的满意度对 F1（心理需求）相关系数最大，比重最高。可见，上海外籍人口对生活品质有着较高的需求，其在上海的生活满意度对他们的城市融入有着间接效应。当然对上海的喜爱，工作满意度和交往意愿也有着较高的关联，住房满意度却是目前得分比较低的，这与外籍人口复杂的居住情况有着密切的关系。

"F2 经济整合"中当 E21（月收入水平）取特征值 1 后、E22（来沪前后的收入比较）、E23（收入满意度）为负数，可见经济整合目前并不是上海外籍人口城市融入的主要因素，并且收入越高的外籍人口其经济整合度反而低，上海外籍人口主要来自发达国家，其收入越高的外籍人口越容易在上海形成"优势孤岛效应"，从而降低了其在上海的城市融入度。

"F3 行为适应"修正为 B13（交往朋友类别）、I61（在中国教育经历）、B52（子女就学）三个观测变量，其中 I61 的载荷因子明显超出其他两个观测变量，而 B52 的载荷因子较低。可见，通常在中国接受过教育的外籍人口更容易融入城市，反之也可以理解为对城市融入采取主动融入行为的外籍人口更乐意尝试接受中国的教育，但对子女就学却采取谨慎态度，这和目前中国教育体系国际化还不成熟有着密切的关系。

"F4 文化认同"有 B11（中国朋友数量）、B42（与中国人结婚）、C12（对中文了解程度），很显然外籍人口对中国的文化认同中 C12 的载荷因子最高，是否了解和掌握中文是外籍人口了解上海、融入上海的主要因素，此外也反映着当前上海国际化语言环境还欠缺，有待改善，对不懂中文的外籍人口城市融入产生着一定的阻挠作用。而是否具有中国朋友和与中国人的国际婚姻在文化认同中也起着相当大的影响作用。

"F5 社会建构"修正为 C21（在上海宗教活动）、B21（社区活动频率）、B31（与本地人冲突）。当 C21 取特征值 1 时，B31 的载荷因子得分较高，即有一定社会建构和社会关系网的外籍人口会有更多的中国朋友，对中国也有较高认可，不容易与本地人产生冲突。同时，在上海的宗教活动和社区活动是外籍人口在上海社会建构的非常重要的渠道，对其在上海的城市融入有着重要的影响。

"F6 制度接纳"修正为 B62（申办绿卡）、I67（住宿登记制的了解）、I66（与本地人社会保障差异）三个观测变量。外籍人口对中国的制度接纳可以从是否申办绿卡、是否了解住宿登记制、是否参与本地社会保障来看待，对制度接纳度高的，其融入城市的能力和意愿更强，申办绿卡的可能性也更高。

4.4 标准结构模型修正及贝叶斯结构方程模型的确立

前文已经构建了外籍人口城市融入的测量模型，通过确定测量模型并验证了城市融入核心指标的内生关系后，即潜变量与指标间的关系。接下来当加入一些其他新的外生变量①，构建完整的结构模型，并用全样本数据验证整个模型的匹配情况，以及潜变量之间关系，在加入居住时间和受教育水平后的标准结构模型，根据数据基本上可以反映出城市融入的影响因素。考虑到国际移民研究建立在全球化进程下，不同国籍移民存在较高异质性，其经济、文化等各方面都呈现多元化特征，选用贝叶斯分析，利用先验信息可以有效解决此问题，从而更好地重新分析研究者的理论依据。本节在被拟合的标准结构模型基础上确立最终的贝叶斯结构方程模型（BSEM），整个步骤是连贯一致、无法分割的。因此，这里只进行计量部分的探讨，而通过贝叶斯结构方程模型对外籍人口城市融入的影响因素结果考察将放在下一章中重点探讨分析。

4.4.1　数据来源及变量说明

本节所使用的数据依旧是上面调查数据（N = 1012），由于之前测量模型已对样本做了详细的描述性统计，这里的结构模型研究其实是测量模型的后续：首先，通过探索性因子分析（N = 386）基本建构了测量模型中的维度和所使用的观测变量；其次，运用验证性因子分析（N = 626）验证了被重新建构的测量模型中核心指标关系，确立核心模型；最后，加上外生变量，建构起标准结构模型（N = 1012），并用全样本数据进行再次修正和深入分析，在获取先验分布后确立最终的贝叶斯结构方程模型。因此，这里就不再对数据重复说明描述。

4.4.2　修正后标准结构模型

考虑到在全球化进程中外籍人口的城市融入，居住时间和受教育水平是最为值得观测的两个外生变量，因此把其纳入验证性因子分析的结构方程模型中，经过第一次拟合后，发现情况不理想，需作较大的修正。删除居住时间到

---

① 外生变量：部分研究学者将其称为结构方程模型中的外源变量。

F2、F6 的路径系数，删除受教育水平到 F3、F4 的路径系数，进行第二次拟合，根据 Mplus 输出的修正指数，进一步对模型进行调整，经过多次复杂的模型调试，最终形成了外籍人口城市融入完整的拟合模型，因前一节构建测量模型时已经对调整过程做了详细介绍，本节省略了数十次的调整过程，仅汇报最终结果。

由表 4-8 可知，CFI、TLI、WRMR、RMSEA 拟合指数处于可接受的范围内。可见，根据最终测试数据的结果检验，本节所用标准结构模型是良好的。标准结构模型的路径图如图 4-8 所示，各观测变量与潜变量之间的标准化路径系数均在图中显示，借以说明各外生变量与潜变量之间的回归系数及相关关系。对标准结构模型的潜变量与观测变量进行均值和方差计算，获得贝叶斯结构方程模型所需要的先验分布取值范围：（0，0.01）至（0.61，0.01），通过反复检验，取最优模型的先验分布（0，0.01）。

表 4-8　标准结构模型分析结果

评价指标	χ^2	χ^2/df	P	CFI	TLI	WRMR	RMSEA
统计检验量	332.668	1.67	0.0000	0.921	0.900	0.978	0.042

注：N=1012。

4.4.3　模型拟合与参数收敛

运行加入先验分布后的贝叶斯结构方程模型，从模型得出的序列图来看，这些图表明算法在 10000 次迭代后收敛，并且利用收敛后的样本得到贝叶斯结果。运行结果有收敛后的后验密度图、因子载荷自相关图，及特别用来评估模型收敛性的马尔科夫链蒙特卡洛（MCMC 链）图。通常，一个参数的 Gibbs 抽样估计形成一个紧密带通过前面历史轨迹时，即为收敛。这个方法典型地运用了多个马尔科夫链，以每一次开始于不同的起始值去评估参数的收敛。如果一

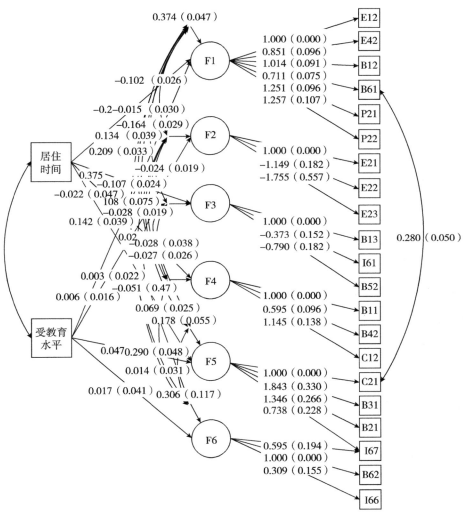

图 4-8 外籍人口城市融入标准结构模型

注：N＝1012。为确保真实性，结果选用 Mplus 输出文件，有些数据未能显示，但不影响显示主要结果。

个图呈现大幅度波动或跳跃链，说明参数可能并没有收敛。本节呈现的参数收敛图展示了两次数据的运行收敛在一个紧密的水平区间内，这两个紧密的波段表明参数已正常聚合，所观察到贝叶斯估计在真实值的合理范围内，并且标准差估计也比较合理。接下来给出的后验概率密度图表明了这些参数的后验密度都近似正态密度，即潜变量估计值 ξ_i 对应的直方图接近正态分布。而下面每条"链"都会出现两行自相关图，说明这些参数每两条"链"之间彼此的相关性都较低，这也表明估计值并没有嵌入前面的起始值或被"链"前面的抽样数据所影响。模型里 MCMC 链的其他参数显示了同样的适当收敛、正态后验密度和低自相关性，本节贝叶斯结构方程模型最终确立。

4.4.4 模型诠释

通过模型拟合检验，确立贝叶斯结构方程模型的计量过程已完成。贝叶斯估计基于最后验证性因子分析和路径分析的标准结构模型，每个参数都提供了期望后验估计和后验分布标准偏差，也包括了基于后验分布的单尾 p 值检验。如果参数估计是积极的，这个 p 值代表后验分布比例在 0 或 0 以下，如果参数估计是不积极的，则 p 值是后验分布比例在 0 以上。为每一个参数提供了 95% 的可信区间。第一个因子被组成心理需求，后面依次组成经济整合、行为适应、文化认同、社会建构和制度接纳，而标准结构模型中每个因子第一项被固定在载荷因子 1.00 上，是为了设置因子度量标准。

4.5 本章小结

第一，外籍人口测量指标中社会建构和政治认同依旧是外籍人口城市融入的重要指标，通过探索性因子分析、验证性因子分析、竞争模型选择等步骤科学建构了外籍人口城市融入的核心测量模型。整个体系可以分为六个维度：心理归属、经济整合、行为适应、文化认同、社会建构和政治认同。各个维度中分别设立了各自的测量指标：工作满意度、住房满意度、月收入水平、交往朋友类别等，共 21 个。从各维度的指标来看，对生活的满意度、收入满意度、交往朋友类别、对中文了解程度、宗教活动、社会保障分别为核心测量模型六个维度中较重要的评价指标，也是外籍人口城市融入重要的影响因素。

第二，通常城市融入中"心理归属"在外籍人口的指标中改为更高层次的"心理需求"，但指标显示上海外籍人口具有对追求生活品质、幸福感和自我实现为核心的心理特征，这种属性超越于归属感。心理需求的指标最多，其与其他维度的相关性也较多，可见心理需求已经超越经济整合等其他维度成为非常重要的一级评价指标。因此，所构建的外籍人口城市融入测量模型与通常国内流动人口的测量模型有着较大的区别。在维度上的不同之处，主要在于外籍人口的心理层面的需求要高于国内移民群体。国内移民在上海为了生存，对心理归属和身份认同非常渴求，而外籍人口由于发达国家到发展中国家的优势地位，他们大多数不存在经济上的生存适应，也不渴求身份认同，更多的是对城市和生活的满意度。

第三，原有的"政治认同"指标，由于发达国家资本主义制度与中国的制度有所差异，外籍人口在中国对"制度接纳"更优先于"政治认同"。从反面反射出本国移民政策制度对外籍人口的接纳与包容程度对其的城市融入具有重要作用。由于资本主义和西方文化与中国的政治文化不同，其对政治认同感较低、对于文化也只是因兴趣而好奇式的认同。因此，测量指标上的不同之处，显示出其具备了不同于其他群体的外籍人口身份特征，特别是全球化人才竞争体系下国际移民的特征，测量的维度和观测变量与以往的测量指标存在差异。

第 5 章

上海外籍人口城市融入的
主要影响因素分析

第 4 章确立了本书所需的贝叶斯结构方程模型，本章则对贝叶斯结构方程
模型的理论依据进行简单的补充说明，着重对贝叶斯结构方程模型的实证结果
进行探讨分析。

5.1 理论模型框架

统计学主要由经典的频率统计学和贝叶斯统计学两个主流学派组成。20
世纪上半叶，频率统计学在工业、农业、医学、经济、管理、军事等领域里持
续发展与广泛运用，它本身的缺陷也逐渐显现。特别是在统计推断中可使用三
种信息（总体信息、样本信息和先验信息），两者的主要差别在于是否利用了
先验信息，基于三种信息进行统计推断的被称为贝叶斯统计学。在频率统计学
中，似然函数概括了模型参数的全部信息，因此关于参数 θ 的统计推断只利用

了似然函数；而贝叶斯方法既利用了似然函数，又利用了参数先验信息，如果没有或只有很少的先验信息，这时基于两者的方法所得结论基本相同。所谓先验信息，即在抽样之前有关统计问题的一些信息，通常先验信息主要来源于经验和历史资料。贝叶斯的理论哲理有着相当大的吸引力，其最基本观点就是：任一未知量 θ 都可看作一个随机变量，应该用一个概率分布去描述对 θ 的未知状况。20 世纪 50 年代后，随着统计分析技术应用范围扩大，决策问题在统计应用中占有越来越重要的地位，贝叶斯方法在实践中逐步得到应用，并迅速发展。而从决策分析来看，先验知识的利用是不可或缺的，这类问题的主观概率的提法比较自然，反映了决策者掌握信息的程度，贝叶斯观点更易被当前学界接受。虽然，频率统计学和贝叶斯统计学之间纷争不断，但本书目的不在于颂扬和批评哪种统计方法和范例的弱点，而更关注对当前复杂的城市融入体系和异质性较高的外籍人口群体特征选用更为合理科学的统计建模方法进行讨论。

5.1.1　总体框架

要讲明贝叶斯分析就必须先从著名的贝叶斯公式说起，它是概率论中毫无争议的定理。

$$\pi(\theta \mid x) = \frac{\pi(x \mid \theta)\pi(\theta)}{\pi(x)} = \frac{\pi(x \mid \theta)\pi(\theta)}{\int_\theta \pi(x \mid \theta)\pi(\theta)d\theta} \tag{5-1}$$

其中，θ 表示参数，x 表示观测数据。$\pi(\theta \mid x)$ 表示所给数据参数的后验分布；$\pi(x \mid \theta) = L(\theta)$ 表示似然函数；$\pi(\theta)$ 表示在看到数据前对所信任参数的先验分布；$\pi(x)$ 通常被称为边际似然并扮演着标准化后密度的恒定分布。贝叶斯推断的一般模式是：后验分布＝（似然度×先验概率）/标准化常量，后验分布与先验分布和似然度的乘积成正比；或后验分布＝标准似然度×先验概率。

5.1.2 模型参数的先验分布和后验分布

（1）先验分布

参数空间 Θ 上的任一概率分布即为先验分布。这里用 $\pi(\theta)$ 表示 θ 的先验分布，$\pi(\theta)$ 是随机变量 θ 的概率函数。当 θ 为离散型随机变量时，$\pi(\theta_i)$（$i=1,2,\cdots$）表示事件 $\{\theta=\theta_i\}$ 的概率分布，概率 $p(\theta=\theta_i)$；当 θ 为连续型随机变量时，$\pi(\theta)$ 表示 θ 的密度函数。θ 的分布函数用 $F^{\pi}(\theta)$ 表示。如何确定和选择先验分布是贝叶斯分析中关键的一步。先验分布有不同类型，比较重要的两个概念为无信息先验分布和共轭先验分布。

无信息先验分布：贝叶斯分析的重要特点在于利用先验信息（经验与历史数据）形成先验分布，它启发人们充分挖掘周围的各种信息参与统计推断，使其更为有效。但也存在没有先验信息或先验信息极少可利用的情况，此时用贝叶斯分析就需要一种无信息先验（Noninformative Prior），即对参数空间 Θ 中的任何一点 θ 没有偏爱的先验信息，这就引出了无信息先验分布的概念。

共轭先验分布：设 θ 是总体分布中的参数（或参数向量），$\pi(\theta)$ 是 θ 的先验密度函数，假如由抽样信息算得的后验密度函数与 $\pi(\theta)$ 有相同的函数形式，则称 $\pi(\theta)$ 是 θ 的共轭先验分布。它具有计算方便和后验分布的参数容易解释的两个优点（茆诗松、汤银才，2012）。

常用的共轭先验分布如表 5-1 所示。

表 5-1 常用共轭先验分布

总体分布	参数	共轭先验分布
二项分布	成功概率	贝塔分布 Be (α, β)
指数分布	均值的倒数	伽玛分布 Ga (α, λ)
泊松分布	均值	伽玛分布 Ga (α, λ)
正态分布（均值已知）	方差	倒伽玛分布 IGa (α, λ)

续表

总体分布	参数	共轭先验分布
正态分布（方差已知）	均值	正态分布 N（μ, τ-2）

而在验证性因子分析中，贝叶斯结构方程模型中在不变性测试中假设不同因子载荷近似相等。因此，允许用指定的小方差来解释其不确定性，如因子载荷中 0.01 或 0.05 的差异。

（2）后验分布

先验分布 π（θ）是反映人们在抽样前对 θ 的认识，后验分布 π（θ|x）是反映人们在抽样后对 θ 的认识，之间的差异是由于样本 x 出现后人们对 θ 的认识发生了变化和调整，调整的结果获得对 θ 的新认识，称为后验分布。它表示给定 x 时随机变量 θ 的概率函数，其分布函数用 F^{π}（θ|x）表示。后验分布可以看作人们用总体信息和样本信息（统称为抽样信息）对先验分布作调整的结果。

在给定样本分布 p（θ|x）和先验分布 π（θ）后可用贝叶斯公式来对 θ 的后验分布进行计算。

$$\pi(\theta|x)=p(x|\theta)\pi(\theta)/m(x) \tag{5-2}$$

由于 m（x）不依赖于 θ，在计算 θ 的后验分布中仅起到一个正则化因子的作用。假如把 m（x）省略，把贝叶斯公式改写为等价形式，如下：

$$\pi(\theta|x)\propto p(x|\theta)\pi(\theta) \tag{5-3}$$

其中，符号"$\propto$"表示两边仅差一个不依赖于 θ 的常数因子。式（5-3）的右端虽不是正常的密度函数，但它是后验分布 π（θ|x）的核，在需要时可以利用适当方式计算出后验密度，特别当看出 π（θ|x）π（θ）的核就是某常用分布的核时，不用计算 m（x）就可恢复所缺常数因子，简化了后验分布的计算，这在共轭先验分布与非共轭先验分布场合都可使用。

5.1.3　城市融入的贝叶斯结构方程模型

本章所论述的城市融入贝叶斯结构方程模型是建立在验证性因子分析模型后建构的标准结构模型。其模型公式为：

$$
\begin{bmatrix} \eta_1 \\ \eta_2 \\ \vdots \\ \eta_6 \end{bmatrix} = \begin{bmatrix} \gamma_{11} & \gamma_{12} \\ \gamma_{21} & \gamma_{22} \\ \vdots & \vdots \\ \gamma_{61} & \gamma_{62} \end{bmatrix} \begin{bmatrix} Edu \\ Con \end{bmatrix} + \begin{bmatrix} \zeta_1 \\ \zeta_2 \\ \vdots \\ \zeta_6 \end{bmatrix} \tag{5-4}
$$

而在贝叶斯结构方程模型中，考虑以下等价于上面定义的验证性因子分析模型：

$$
y_i = \Lambda_{\omega_i} + \epsilon_i, \quad i = 1, \cdots, n \tag{5-5}
$$

其中，y_i 是 $p \times 1$ 可观测随机向量，Λ 是 $p \times q$ 因子负荷矩阵，ω_i 是 $q \times 1$ 因子得分向量，ϵ_i 是与 ω_i 独立的 $p \times 1$ 误差项。假设 ϵ_i 服从 $N[0, \Psi_\epsilon]$ 分布，Ψ_ϵ 是对角矩阵；ω_i 服从 $N[0, \Phi]$ 分布，Φ 是正定的协方差矩阵。

令 $Y = (y_1, \cdots, y_n)$ 为可观测数据矩阵，$\Omega = (\omega_1, \cdots, \omega_n)$ 为潜在因子得分矩阵，θ 包含了模型的 Λ，Φ 和 Ψ 为未知元素的结构参数向量。假设这个验证性因子分析模型可识别，使这个假设条件满足的一个常用的方法是固定值的概率为 1。在分析中不估计固定参数，在贝叶斯分析中，把 Ω 增广到可观测数据集 Y 中，通过以下的 Gibbs 抽样从 $[\theta, \Omega | Y]$ 中抽取大量 (θ, Ω) 的样本，在第 $(j+1)$ 次迭代中，当前值为 $\Omega^{(j)}$，$\Psi_\epsilon^{(j)}$，$\Lambda^{(j)}$ 和 $\Phi^{(j)}$：

(i)　从 $p(\Omega | \Psi_\epsilon^{(j)}, \Lambda^{(j)}, \Phi^{(j)}, Y)$ 中抽取 $\Omega^{(j+1)}$

(ii)　从 $p(\Psi_\epsilon | \Omega^{(j+1)}, \Lambda^{(j)}, \Phi^{(j)}, Y)$ 中抽取 $\Psi_\epsilon^{(j+1)}$

(iii)　从 $p(\Lambda | \Omega^{(j+1)}, \Psi_\epsilon^{(j+1)}, \Phi^{(j)}, Y)$ 中抽取 $\Lambda^{(j+1)}$

(iv)　从 $p(\Phi | \Omega^{(j+1)}, \Psi_\epsilon^{(j+1)}, \Lambda^{(j+1)}, Y)$ 中抽取 $\Phi^{(j+1)}$ $\qquad$ (5-6)

Gibbs 抽样的实现需要公式（5-6）中的条件分布（李锡钦，2011）。

同时，$p(\Omega|\Psi_\epsilon,\Lambda,\Phi,Y)=p(\Omega|\theta,Y)$ 的推导是在模型的定义以及随机向量 y_i 和 ω_i 的分布性质的基础上进行。对 $i=1,\cdots,n$，注意到 ω_i 互相独立，并且在给定 (w_i,θ) 时 y_i 也互相独立。因此有：

$$p(\Omega|Y,\theta)=\prod_{i=1}^{n}p(\omega_i|y_i,\theta)\propto\prod_{i=1}^{n}p(\omega_i|\theta)p(y_i|\omega_i,\theta) \tag{5-7}$$

5.2　贝叶斯结构方程模型结果分析

5.2.1　城市融入测量评价实证结果与分析

通过对贝叶斯结构方程模型实证结果分析，可以得出影响外籍人口城市融入因素中的主导因素，如表 5-2 所示。

表 5-2　贝叶斯结构方程模型观测变量标准化系数

标准化系数	估计值	后验标准差	单尾 P 值	95%置信区间		显著性
				下限 2.5%	上限 2.5%	
F1　BY						
E12	0.651	0.055	0.000	0.530	0.745	*
E42	0.521	0.072	0.000	0.375	0.652	*
B12	0.710	0.059	0.000	0.582	0.817	*
B61	0.545	0.071	0.000	0.401	0.680	*
P21	0.815	0.046	0.000	0.719	0.899	*
P22	0.770	0.053	0.000	0.658	0.864	*
F2　BY						
E21	0.542	0.064	0.000	0.422	0.666	*
E22	-0.588	0.068	0.000	-0.714	-0.450	*
E23	-0.761	0.083	0.000	-0.917	-0.599	*

续表

标准化系数	估计值	后验标准差	单尾 P 值	95%置信区间		显著性
				下限 2.5%	上限 2.5%	
F3　BY						
B13	0.646	0.081	0.000	0.474	0.777	*
I61	-0.411	0.107	0.080	-0.635	-0.207	
B52	0.279	0.092	0.061	0.097	0.460	
F4　BY						
B11	0.590	0.064	0.000	0.459	0.711	*
B42	0.508	0.079	0.000	0.347	0.655	*
C12	0.639	0.077	0.000	0.475	0.773	*
F5　BY						
C21	0.539	0.056	0.000	0.448	0.661	*
B31	0.926	0.074	0.000	0.712	0.972	*
B21	0.380	0.074	0.076	0.235	0.530	
F6　BY						
B62	0.482	0.082	0.000	0.339	0.649	*
I66	0.350	0.151	0.012	0.042	0.630	*
I67	0.193	0.153	0.103	-0.097	0.502	
剩余方差						
F1	0.894	0.033	0.000	0.829	0.953	*
F2	0.948	0.027	0.000	0.884	0.987	*
F3	0.935	0.042	0.000	0.825	0.984	*
F4	0.952	0.029	0.000	0.880	0.993	*
F5	0.925	0.033	0.000	0.847	0.975	*
F6	0.928	0.063	0.000	0.760	0.995	*

注：＊表示在1%的水平上显著。

（1）外籍人口心理需求的主要特征

根据调查结果显示，外籍人口心理需求变量中，住房满意度、交往意愿、行政管理服务满意度、生活满意度和对上海喜爱程度等因素对外籍人口的城市融入心理需求的影响都具有显著影响。在控制其他变量，当外籍人口对生活满意度（P21）每增加 1 个单位，心理需求指数将提高 0.815（P<0.01），从而提升其城市融入度；而外籍人口对上海喜爱程度每增加 1 个单位，融入度也将提高 0.770（P<0.01）。问卷调查数据显示，被访者非常喜欢上海的比例高达 66.43%，95.42% 的外籍人口对上海的生活感到满意。可见外国人对上海这座现代化国际大都市的喜爱程度和满意程度都较高，上海也为外籍人口提供了较好的生活和工作环境。在《2015 外籍人士眼中最具吸引力的中国城市》评选中，近九成的外籍人口对上海生活"点赞"。

同时，全球化进程中国际移民以追求生活品质、幸福感和自我实现为核心的心理特征愈加明显，对生活和社会交往等需求满意度超过了工作。当控制其他变量，外籍人口交往意愿（B12）和工作满意度（E12）每增加 1 个单位，心理需求指数分别提高 0.710（P<0.01）和 0.651（P<0.01）。但外籍人口在上海的心理需求总得分并不是最高，对住房的满意度（E42）和对行政管理服务满意度（B61）相对比值较低。住房满意度较低的原因是：一方面，问卷调查数据显示，除了部分外籍人口住房由公司负责，绝大多数的外国人来上海后需要通过互联网、朋友介绍或中介等渠道寻找住房，其情况喜忧参半；另一方面，住房成本较高，大多数外国人住房成本超过了输出国。在居住情况中，68% 的人选择租房，所占比例最大；13% 的外籍人员有自己的住房，只有不到 5% 的人长期居住在酒店。选择租房的外籍人员中，60% 的人住在普通商品房小区，40% 左右的人选择住在高档住宅小区，这些高档住宅区中六成都是外国人。根据居住情况与城市融入相关性来看，城市融入程度与居住情况有一定相关，并非居住情况越好，城市融入程度越高。相反，这些高档住宅小区的外籍人口其融入情况不如居住在普通商品房小区的外籍人口。

对行政管理服务满意度（B61）来看，在控制其他变量后，外籍人口对行政管理服务满意度每增加 1 个单位，心理需求指数提升 0.545（P<0.01）。城市的吸引力和发展力与它的管理力和服务力水平紧密相关。城市的经济发展、

开放程度、文明指数、文体教育水平无时无刻不体现着与其相匹配的公共服务和管理制度。在城市全球化下，不断完善变革的创新管理与创新服务的政策引导，是助推外籍人口城市融入度和满意度攀升的重要理念。

（2）外籍人口经济整合的主要特征

在外籍人口经济整合变量中，E21（月收入水平）、E22（来沪前后的收入比较）、E23（收入满意度）三个测量指标对于外籍人口的城市融入中经济整合影响通过了显著性检验。外籍人口在上海的就业机会多、收入高，汇丰银行发布的《2019年全球外籍人士调查报告》显示，瑞士、新加坡和中国大陆成为外籍人员青睐的工作和居住地，中国大陆工作的外国人收入最高，23%年收入超过30万美元，比欧洲高三倍。在来沪前后收入对比中，有64.29%的外籍人员收入比来上海之前高，同时，也有68.57%的人对他们的收入较为满意。

但收入和经济情况越满意并不一定代表他们居住越愉快，融入程度就越高。从其数据来沪前后收入比较和收入满意度所呈现的负相关性可见，在上海的外籍人口其收入程度越高，城市融入反而下降。在控制其他变量后可见，即使外籍人口的城市融入度随着月收入水平每提高1个单位增长0.542（P<0.01），但当外籍人口的来沪前后收入比较每增加1个单位，其经济整合指数反而减少0.588（P<0.01）；而收入满意度每增加1个单位，经济整合指数会减少0.761（P<0.01）。这和人们通常的认识相背离，经济因素通常是移民群体融入当地社会一个非常重要的因素，但对上海外籍人口经济整合产生的负效应进一步深入分析发现，在来上海后收入增加的人群中，主要为企事业高级管理人员（40.91%）和专业技术人员（56.82%）（见表5-3），其中高级职称的有44%，副高职称的是23%。这些高薪酬人员由于工作地位和工作性质缺乏和本地人交流的机会，再加上由于酬金较高，他们大多数居住在高档住宅区内，也就造成了其与本地社会的隔离。

表5-3 与来沪前比较收入增加人群职业类别分布

职业类别	比例（%）
企事业高级管理人员	40.91
专业技术人员	56.82
办事人员和有关人员	1.52
商业服务业人员	0.76

资料来源：问卷调查。

经济整合维度需要从就业、收入、消费和生活环境等具体因素来考量，虽然会存在测量指标中缺少其他具体因素的可能性，但是这里的研究数据清晰地反映出外籍人口的经济整合并非如中国流动人口或国外移民群体的经济因素那样成为影响城市融入的最重要因素。上海的外籍人口经济因素会导致其产生迁移，却并不能保证对其城市融入产生积极的影响，这些都有待于后面进一步的深入研究。

（3）外籍人口行为适应的主要特征

在外籍人口行为适应变量中B13（交往朋友类别）的观测变量对城市融入具有显著影响。在控制其他变量，外籍人口与交朋友类别为本地人每增加1个单位，其行为适应指数也增加0.646（P<0.01）。而I61（在中国教育经历）、B52（子女就学）不具有显著性。数据显示，虽然86%的外籍人口在不同程度上愿意与中国人交朋友，但在实际交友行为方面，其平日接触的朋友是中国人的比例并不高，仅为15.26%，且42.74%的外籍人口平日里经常接触的朋友并不是中国人。可见在交友方面，仍需要政府部门及民间搭建更多的桥梁，满足外籍人口与本地居民交友的意愿。而鼓励子女在中国就学等方面虽然不具有显著性影响，但其意愿值却很高，呈现愿意子女在上海就学的态势。至于在中国的教育经历所产生的负效应在某种程度上可以说明目前在中国接受教育的外籍人口并不多。

（4）外籍人口文化认同的主要特征

在文化认同变量中，B11（中国朋友数量）、B42（与中国人结婚）、C12（对中文了解程度）也都通过了显著性检验。在中国交往更多中国朋友或与中国人形成跨国婚姻，在很大程度有助于外籍人口对中国文化的了解，从而产生文化认同。中国朋友数量和与中国人结婚每增加1个单位，其文化认同的程度相应增加0.590和0.508（P<0.01）。虽然很多外籍人口对中国文化很感兴趣，甚至为此来到了中国，但读懂中国文化并不是一件很容易的事，通过交往中国朋友或与中国人结婚，成为外籍人口了解和明白中国文化深奥的重要渠道。语言可以说是起着至关重要的作用，对中文了解程度每增加1个单位，其城市融入中的文化认同指数就提高0.639（P<0.01）；可见语言掌握对城市融入的影响，反过来也可以认为是一个城市的国际化语言环境，对外籍人口的城市融入的重要作用，因此，城市规划应更多考虑在上海人数较多的日本人、韩国人及一些小语种国家等外籍人员的需要。但目前外籍人口语言指标得分明显较低，尤其在语言使用上分值更低。这反映出上海人说英文比例越来越高，上海越来越走向国际化，然而在城市规划以及宣传本土语言和文化方面等都还要不断完善。

另外，对外籍人口人文风俗了解情况研究发现，外籍人口对于中国传统习俗接受意愿非常高。但由于各国文化习俗的差异，外国人在中国过的传统节日数量仍然很少，其中33.70%的人选择从来不庆祝中国的传统节日，除超过半数的外籍人口过传统春节（58.75%）之外，大多数外籍人口在春节假期会选择与家人一起出国旅行，其他中国传统节日庆祝人数也都在50%以下，如图5-1所示。这种意愿与行为相分离的状况在一定程度上表明外籍人口在上海的文化融入状况较为复杂。可见，文化风俗反映在深层次的精神领域，并非一朝一夕可以更改，想要外国人深入融入中国社会，仍需要潜移默化地推行中国文化与习俗。

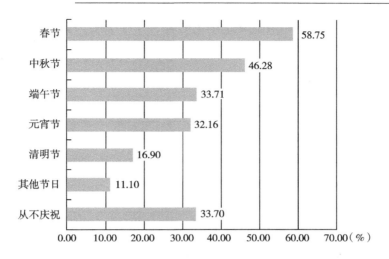

图 5-1　外籍人口庆祝中国各传统节日比例

资料来源：问卷调查。

（5）外籍人口社会建构的主要特征

在外籍人口社会建构变量中，C21（在上海宗教活动）、B31（与本地人冲突）也都通过了显著性检验。在上海的外籍人口把宗教活动作为一个非常重要的社会活动，控制变量后，在上海参加宗教活动每增加 1 个单位，其社会建构指数会增加 0.539（P<0.01），其宗教活动得分较高也表示了外国人的宗教生活在上海并未受到很大的影响，仍保留原来的宗教文化。他们在宗教活动中，获取精神寄托、心理归属和社会支持，并在他乡重新建构起社会网络。在社会建构的指标体系中，社区活动频率（B21）这一项指标还是有待加强的。外籍人口参加社区活动的频率并不高，在数据分析中也可以发现其 P 值为 0.076（P>0.01），外籍人口参加社区活动的频率和其城市融入没有关系。问卷调查数据显示，超过一半的人（56.14%）从不参加或很少参加社区活动，这可能与语言障碍、文化差异和组织者的宣传交流等各方面有关。而与中国人发生冲突每增加 1 个单位，其融入度也会增加 0.926（P<0.01）。究其根源，单独对朋友的国籍与发生冲突的频率做卡方检验，可以发现平日接触朋友的国

籍与在中国发生冲突频率有显著差异（见表5-4）。相比于不接触中国朋友的外籍人口，平日接触中国朋友的外籍人口与中国人发生冲突的频率会更低。

表5-4　朋友的国籍与发生冲突的频率的卡方检验

	卡方值	数量	自由度	渐进显著性（双侧）
Pearson 卡方	346.118	1012	8	0.000

注：P<0.05 为显著，P<0.01 为非常显著。

（6）外籍人口制度接纳的主要特征

在外籍人口制度接纳的变量中，I67（住宿登记制的了解）未能通过显著性检验。而B62（申办绿卡）和I66（与本地人社会保障差异）具有显著性影响。这与当时在做问卷调查时，住宿登记制还未被外籍人员所了解或被忽视有一定的关系，但关系到外籍人口切身利益的申办绿卡和社会保障差异却显著相关，在控制其他变量后，申办绿卡和社会保障差异每增加1个单位，其外籍人口制度接纳指数分别增加0.482（P<0.01）和0.350（P<0.05），其融入城市的可能性越好。

5.2.2　加外生变量效应的实证结果与分析

通过对贝叶斯结构方程模型实证结果分析，可以得出不同居住时间和不同受教育水平的外籍人口城市融入的影响因素，如表5-5所示。

表5-5　贝叶斯结构方程模型外生变量标准化系数

标准化系数	估计值	后验标准差	单尾 P 值	95%置信区间		显著性
				下限 2.5%	上限 2.5%	
F1　ON						
EDU	−0.251	0.042	0.000	−0.323	−0.166	*
TIME	0.012	0.031	0.346	−0.049	0.074	

续表

| 标准化系数 | 估计值 | 后验标准差 | 单尾 P 值 | 95%置信区间 | | 显著性 |
				下限 2.5%	上限 2.5%	
F2　ON						
EDU	0.055	0.044	0.108	-0.030	0.142	
TIME	0.106	0.036	0.001	0.036	0.177	*
F3　ON						
EDU	0.121	0.066	0.018	0.008	0.263	*
TIME	0.090	0.043	0.019	0.006	0.174	*
F4　ON						
EDU	0.098	0.048	0.026	-0.001	0.189	
TIME	-0.103	0.036	0.003	-0.170	-0.030	*
F5　ON						
EDU	0.157	0.055	0.000	0.065	0.270	*
TIME	-0.107	0.033	0.001	-0.168	-0.040	*
F6　ON						
EDU	0.070	0.086	0.190	-0.095	0.242	
TIME	-0.130	0.067	0.035	-0.253	0.010	
F2　WITH						
F1	-0.479	0.088	0.000	-0.629	-0.282	*
F3　WITH						
F1	-0.428	0.128	0.001	-0.652	-0.147	*
F2	0.011	0.149	0.475	-0.271	0.319	
F4　WITH						
F1	0.376	0.113	0.001	0.148	0.585	*
F2	-0.066	0.121	0.301	-0.306	0.167	
F3	-0.042	0.148	0.393	-0.330	0.247	
F5　WITH						
F1	-0.296	0.087	0.002	-0.460	-0.118	*
F2	0.152	0.098	0.061	-0.049	0.338	
F3	0.048	0.136	0.366	-0.213	0.315	
F4	0.189	0.110	0.045	-0.034	0.399	

标准化系数	估计值	后验标准差	单尾 P 值	95%置信区间		显著性
				下限 2.5%	上限 2.5%	
F6　WITH						
F1	0.277	0.183	0.062	−0.062	0.631	
F2	0.076	0.191	0.346	−0.299	0.440	
F3	−0.144	0.199	0.239	−0.506	0.274	
F4	0.656	0.120	0.000	0.367	0.825	*
F5	0.128	0.158	0.221	−0.200	0.413	

注：＊表示在 0.01 的水平上显著。

受教育情况（EDU）和居住时间（TIME）一直以来都是影响国际移民城市融入最主要的两个因素。从表5-5来看，在控制其他变量后，个人受教育情况对心理需求指数的回归系数为−0.251（P<0.01），该变量对城市融入维度的行为适应0.121（P<0.05）、社会建构0.157（P<0.01）也起显著作用。具体来说，外籍人口受教育程度越高，心理需求的融入度却降低，但行为适应和社会建构却越高。一方面说明了，高端移民自身的人力资本虽然有助于其在上海结交新朋友，构建新的社会网络，然而他们自身心理层面的需求无法获得满足；另一方面也体现了，虽然上海给外籍人口提供了良好的生活环境，但对于高端移民的心理需求方面仍未给予足够的空间和有效支持，依旧无法满足高端移民对高品质生活的向往和个人自我实现的追求。其中内在原因及解决办法值得深入探讨。受教育情况变量对经济整合、文化认同、制度接纳的作用都是正向作用，但显著性不明显。

外籍人口居住时间长短对城市融入维度的心理需求、经济整合和行为适应都产生正向作用；而对于文化认同、社会建构和制度接纳为负向作用，对心理需求和制度接纳的作用显著性不明显。居住时间经济整合（0.106）产生的作用大于心理需求（0.012）和行为适应（0.090），即外籍人口在上海居住时间越长，其经济整合指数越高。然而居住时间却并没有对其文化认同（-0.103）、社会建构（-0.107）和制度接纳（-0.130）产生正向的积极影响，该变量与制度接纳维度的显著性不明显。其原因是外籍人口大多数来自发达国家，其东西方文化差别和资本主义与社会主义的政治性差别很难通过居住时间的延长而达到同化或认同，并且由于语言、人力资本及空间环境等种种原因使其形成的"优势孤岛效应"，并不会因为居住时间的延长而有所改善，这种社会、文化和制度上所形成的"天窗"是难以打破并将长期存在的，这也反映出对外籍人口的移民制度和社会保障制度等还有待改进。

从维度之间的效应关系来看，心理需求与经济整合、行为适应、文化认同和社会建构都有着显著影响。也就是说外籍人口的心理需求对其他维度的多个方面产生重要影响，心理需求对经济整合、行为适应和社会建构产生负向作用，而对文化认同却产生正向作用。心理需求指数上升了，其经济整合（-0.479）、行为适应（-0.428）和社会建构（-0.296）的城市融入度反而降低。但心理需求的提升不会影响其对中国文化认同（0.376）。与此同时，制度接纳与文化认同具有显著影响，产生 0.656（P<0.01）的正向作用，外籍人口的制度接纳与文化认同两维度紧密相关，其根源及表现形式有待于后面深入探讨。

5.3　本章小结

本章分析了影响上海外籍人口城市融入的主要因素，并探讨了居住时间和受教育水平对城市融入的影响。主要发现如下：

一是外籍人口心理需求特征。外籍人口对上海的喜爱程度、生活满意度、住房满意度和行政管理服务满意度等因素显著影响其城市融入心理需求。尽管大多数外籍人口对上海有较高的满意度，但在住房和行政管理服务方面仍有改进空间。二是经济整合特征。外籍人口的月收入水平、来沪前后收入比较和收入满意度对经济整合有显著影响。然而，高收入并不一定意味着更高的城市融入度，部分高薪酬人员可能因居住在高档住宅区而与本地社会隔离。三是行为适应特征。外籍人口与本地人交往的意愿和实际交友行为对其行为适应有显著影响。尽管大多数外籍人口愿意与中国人交友，但实际接触的朋友中中国人比例不高。四是文化认同特征。交往中国朋友数量、与中国人结婚以及对中文的了解程度显著提高了外籍人口的文化认同。语言掌握和对中国文化的了解是促进文化认同的关键因素。五是社会建构特征。外籍人口参与宗教活动和社会活动对其社会建构有积极影响。然而，社区参与度不高，可能与语言障碍和文化差异有关。六是制度接纳特征。申办绿卡和与本地人社会保障差异对外籍人口的制度接纳有显著影响。外籍人口对这些制度的了解和接纳程度影响其城市融入度。七是外生变量效应。受教育水平和居住时间对外籍人口城市融入的多个维度有不同影响。受教育程度越高，心理需求融入度可能降低，但行为适应和社会建构度提高。居住时间对经济整合有正向作用，但对文化认同、社会建构和制度接纳有负向作用。八是维度间效应关系。心理需求对经济整合、行为适应、文化认同和社会建构有显著影响。制度接纳与文化认同紧密相关，两者之间存在正向作用。

本章通过实证研究，揭示了影响上海外籍人口城市融入的多维度因素，并强调了心理需求、经济整合、行为适应、文化认同和社会建构等方面的重要性。研究结果为上海及其他城市在吸引和融合外籍人口方面提供了政策制定的参考依据。上海应进一步完善城市公共服务和管理服务，提高外籍人口的生活质量，满足其心理需求；应鼓励外籍人口与本地人交往，加强社区建设，促进文化交流和社会融合；应优化外籍人口政策，简化绿卡申办流程，完善社会保障制度，增强外籍人口的城市归属感；应关注高端移民的心理需求，提供更多精神文化方面的支持和满足。

第6章

外籍人口城市融入状况及
经验借鉴

6.1　国际：全球化下国际移民格局及融入状况

联系越来越紧密的世界和更多的国际移民导致的结果就是国家民族文化的多样性和国际移民及移民城市的高度异质性。不同移民模式影响着政治认同、文化融入等，特别是移民政策和政治制度化等，反之又影响着国际移民的城市融入。因此，在前几章的深入剖析后，外籍人口研究还必须纳入全球空间视角，从当前全球化进程中国际移民变化趋势、国际城市格局和特征，以及发达国家不同城市的国际化水平、对国际移民的融合政策、对华人的城市融入政策等方面进行研究，有助于上海深入思考和经验借鉴。随着经济全球化进程加速，国际移民流动日趋频繁，商品、人力、信息和资本等生产要素国家间不断流动和优化，"移民红利"在科技和经济领域的表现已举足轻重，世界各国出台更为重视移民人才的移民制度，以赢取全球国际人才竞争"争夺战"的主动权。而全球化的深入发展，区域经济一体化组织如欧盟的扩大，也为成员国间的自由流动提供了便利，同时吸引了非成员国的移民。信息技术的快速发展使移民能够更容易地获取信息、与家人保持联系，并在全球范围内寻找机会。数字化转型和远程工作机会的增加也改变了人们对工作地点的选择，进一步促进国际移民。与此同时，一些发达国家面临人口老龄化问题，可能需要吸引年轻移民来支持劳动力市场和社会保障体系。社会对移民的接受程度和包容性政策对移民的融入和移民流动的重要影响也被凸显出来。国际移民与发展之间的关系越来越受到重视，移民被视为推动原籍国和目的地国发展的重要因素，具有关键作用，其中包括促进外国投资、贸易、创新等，但之前他们在城市增长中的作用一直被低估。本章进一步对国际移民格局和不同国家的城市融入主要做法进行分析，探索人与城市的动态互动关系，寻找上海的差距。

6.1.1　全球化背景下国际移民格局

近年来国际移民格局被深度调整，从全球移民模式中可以显示出明显的差异性。国际移民格局不仅受到个人选择、年龄性别、教育水平的影响，还受到国家政策、国际关系和全球经济动态的制约。在2020年之前，国际移民数量在过去二十年中稳健增长，其中许多是由于劳动力或家庭原因迁移；之后呈现与之前具有显著差距的三个主要特征：

第一，移民总体上呈上升趋势，临时性移民人数也有所增加。但技术、地缘政治和环境变化这些因素对移民和流动产生了长远影响，包括工作自动化、数字化加强、地缘政治紧张局势升级和气候变化。国际移民组织（IOM）发布的《世界移民报告2020》称，全球移民数量持续增长。2020年全球国际移民总数已经达到2.81亿，2000~2020年，国际移民人数增加了1.08亿。其中，欧洲是国际移民最多的地区，2020年有8700万移民，乌克兰危机导致了自第二次世界大战以来欧洲最大的人口流动，数百万乌克兰人被迫迁移。美洲和非洲及亚洲分别有近 5900 万和近 5000 万移民，美国和加拿大的移民政策和劳动力市场需求对移民流动有显著影响，而非洲的移民动态则受到冲突和不安全局势的影响。大多数的国际移民来自中等收入国家，2020 年有约 1.77 亿国际移民来自中等收入国家，亚洲是全球国际移民和国际留学生的主要来源地，亚洲内部的移民流动也显著增加。中国拥有 1039.6 万国际移民，居全球第 5 位。国际移民占中国总人口数量的 0.1%，其中女性移民的比例为 38.6%，国际移民年龄中位数为 35.4 岁。中国大陆的国际移民除港澳台同胞，主要来源于东南亚、欧洲和北美等地。第二，全球教育流动性增长，高技能人才流动增加，教育国际化为关键性一步。国际形势复杂变动，经济全球化和区域合作趋势增强，人才竞争越发激烈。发达国家和地区依赖国际人才推动经济增长和产业升级。各国纷纷调整移民政策以吸引所需人才。人才成为全球发展的关键引擎，国际交流与流动是促进这一进程的重要动力。美国作为全球最首要的人才聚集地和国际留学生首选目的地，其地位在新冠疫情前后没有发生任何根本性变化。国际留学生是全球国际移民的一个重要元素，OECD 的统计数据显示，全球高等教育国际学生的数量从 2000 年的 211 万人增加到 2021 年的 639 万人，呈现出显著的增长趋势。这一增长速度在 2018～2020 年超过了全球高等教育学生的总体增长速度。尽管受到国际形势、疫情和经济危机等多重因素的影响，国际学生流动仍然保持了增长趋势。教育国际化的重要性也被中国政府和各地区领导高度重视。除城市的安全稳定、良好的医疗、文化、环境和基础设施外，教育（包括语言教育、职业教育、子女教育等）成为增加城市"拉力"非常重要的内容，不仅是为了支持国际移民掌握本国语言和知识技能，使其尽快融入中国社会，更是为了给世界提供认识中国、了解中国的平台，培养出对中国有深厚情感，并带来更多知识溢出效应的国际人才。第三，人道主义和健康危机对国际移民产生的影响被高度关注。仅仅几年时间，国际移民流动和政策发生了巨大的转变，而乌克兰危机成为自第二次世界大战以来欧洲最大的一次国际移民流动。同时，全球性的健康危机可能导致移民流动的短期减少，但也可能加速对全球劳动力市场变化的长期适应。新冠疫情也对移民流动产生了影响，虽然国际移民的规模仍在增加，但是增速有所下降，其直接导致约200万移民计划推迟或取消。新冠疫情作为一个重大的全球卫生紧急事件，对移民流动产生了即时和长期的影响。旅行限制、边境关闭和公共卫生措施限制了人口流动，暴露了全球移民系统中存在的不平等和脆弱性。

中国是否已经准备好加入全球化人才争夺战和国际大都市动态格局中呢？上海等中国各大城市是否已是真正意义上的国际大都市，具备了国际大都市特征？致力于研究国际城市网发展的著名研究机构全球化与世界城市研究与网络（Globalization and World Cities Study Group and Network，GaWC）从1998年起每几年通过对城际关系、国际事务等各指标对世界城市网络体系进行测量，并分成 Alpha、Beta、Gamma、Sufficiency 四个级别来反映国际大都市的动态格局，只有达到 Alpha 标准才可称得上国际都市（见表6-1）。可见，虽然从网络体系来看，中国的上海、北京、香港都已经进入 Alpha 标准，但外籍人口比例与其他国际大都市相比存在显著差异，国际化程度仍需进一步提升，以缩小与国际大都市之间的差距。根据联合国报道：纽约、伦敦和新加坡位列全球金融中心前三名，这些城市同时也是外籍人口的重要目的地。例如，纽约是美国最大的城市，也是全球商业、金融、媒体、政治、教育、娱乐和时尚的中心，吸引了来自世界各地的人们工作和生活。这些城市对外籍人口城市融入的做法值得借鉴。

6.1.2　不同国家或地区的华人融入情况

中国的外籍人口也有一大部分是已取得其他国家国籍的华人华侨，他们回国后也或多或少都存在融合问题。中国华人移民有着悠久的移民历史，其在不

表 6-1　2000~2020 年 GaWC 世界城市排名变化

年份	Alpha++	Alpha+	Alpha
2000	伦敦、纽约	香港、巴黎、东京、新加坡	芝加哥、米兰、洛杉矶、多伦多、马德里、阿姆斯特丹、悉尼、法兰克福、布鲁塞尔、圣保罗、旧金山
2008	伦敦、纽约	香港、巴黎、新加坡、上海、东京、米兰、悉尼、北京	芝加哥、孟买、莫斯科、多伦多、马德里、吉隆坡、布鲁塞尔、首尔、布宜诺斯艾利斯
2010	伦敦、纽约	香港、巴黎、新加坡、上海、东京、悉尼、迪拜、芝加哥	孟买、米兰、莫斯科、圣保罗、法兰克福、多伦多、洛杉矶、马德里、墨西哥城、阿姆斯特丹、吉隆坡、布鲁塞尔、北京、布宜诺斯艾利斯、首尔、雅加达
2012	伦敦、纽约	香港、巴黎、新加坡、上海、东京、悉尼、迪拜、北京	芝加哥、孟买、米兰、莫斯科、圣保罗、法兰克福、多伦多、洛杉矶、马德里、墨西哥城、阿姆斯特丹、吉隆坡、布鲁塞尔
2016	伦敦、纽约	香港、巴黎、新加坡、上海、北京、迪拜、东京	悉尼、圣保罗、米兰、芝加哥、墨西哥城、孟买、莫斯科、法兰克福、马德里、华沙、约翰内斯堡、多伦多、首尔、伊斯坦布尔、吉隆坡、雅加达、阿姆斯特丹、布鲁塞尔、洛杉矶
2020	伦敦、纽约	香港、巴黎、新加坡、上海、北京、迪拜、东京	悉尼、洛杉矶、多伦多、孟买、阿姆斯特丹、米兰、法兰克福、墨西哥城、圣保罗、芝加哥、吉隆坡、马德里、莫斯科、布鲁塞尔、雅加达

资料来源：GaWC。

同国家地区的宝贵经验也是本书研究值得借鉴的宝贵知识资源：

（1）华人移民在欧洲的融入情况

根据《欧洲移民发展报告 2020》的分析，20 世纪末，当时的华人移民主要靠非技术性工作签证、家庭团聚等身份迁移到欧洲，特别是在法国、西班牙和意大利等国家。这些移民群体从传统的中餐馆经营扩展到其他商业领域，如贸易、制造业等，其受教育程度和语言水平有限，主要依靠宗亲和老乡圈子搭建资源和人脉关系。随着中国经济的快速发展，越来越多的华人移民在欧洲从事与中国市场相关的商业活动。尤其是改革开放后，华人新移民中高技术移民的比重逐渐增加。这些新一代华人高技术移民往往具有更高的教育背景和职业技能，他们在跨国企业或自营企业中从事技术类工作，特别是在德国、英国等国家。这些高技术移民在融入社会方面表现出更高的融入程度，部分原因是他们的教育、职业技能和语言能力使他们更容易适应和融入当地社会。

华人移民在文化认同上呈现差异化趋势。一方面，他们保持与祖籍国的联系，传承中华文化；另一方面，他们也在适应和接纳欧洲的文化和社会价值观。但是，华人移民的融入并不意味着没有挑战。尽管华人移民在欧洲取得了一定的社会融合进展，但仍面临着一些挑战，如语言障碍、文化差异等。高技术移民在职业发展上可能面临"天花板"，社会氛围的变化也可能影响他们的融入程度。

总的来说，华人移民在欧洲的融入情况呈现二元化的发展趋势，既包括传统非技术移民的融入挑战，也包括高技术移民的相对顺利融入。欧洲各国的移民政策和法律环境对华人移民的社会融合也有着重要影响。一些国家提供了有利于移民融入的政策和措施，而其他国家的政策可能更为严格或限制性。这一现象反映了欧洲各国不同的移民政策和移民群体的多样性。

（2）华人移民在非洲的融入情况

鉴于非洲国家经济社会发展水平和移民法制发展程度，只有少部分中国人在非洲国家取得了永久居留身份或成为该国公民。绝大部分非洲国家华人移民经济资源非常有限，经济实力很弱。非洲个体华商的基本特征表现为行业高度集中、资金高度分散，资本和技术程度很低、竞争力弱、经济效益差的零售业和餐饮业。虽然华人人数很少，但是仍有少数华人担任了政府或议会职务。非洲当地的华人商会、协会和联合会、社区机构为华人参政提供了历练和团结的机会和舞台，但华人重视亲缘、业缘、地缘、信缘和物缘的"五缘"文化使华人机构缺乏大合作、资源分散，很难建立整体机制。在非洲的中国海外移民只有从资本和技术程度很低的零售业及餐饮业转向资本和技术程度较高的制造业及高新技术产业，才能从受限制和受打击的对象转变为被鼓励和被保护的对象。

（3）华人移民在美国的融入情况

中国是美国永久居留移民第二大来源国。美国也是中国海外移民首选的移民目的国。到 2020 年，美国华人人口已从 1970 年的 43 万增长到 550 万。华人移民在美国的融入是一个复杂且多元的过程，涉及多个方面，包括经济、社会、文化和政治等。随着时间的推移，华人群体在美国社会中的地位和影响力逐渐增强。

首先，中国的海外移民主要通过职业移民与家庭移民两种途径获得美国永久居留权。近十年，伴随中国移民人数的快速增长，尤其是职业移民中尖端人才和高端人才数量的大幅增长，中国移民在科技、教育、工程、商业、发明等领域对美国的贡献和影响与日俱增。在经济和社会地位方面，华人移民在美国的经济融入程度各不相同。一些移民可能在初到时面临经济困难，而其他人可能因为拥有专业技能或商业才能而迅速实现经济稳定。华人移民在美国的职业发展受到多种因素的影响，包括专业资格认证、工作经验和语言能力。许多华人移民在科学、技术、工程和数学（STEM）领域以及医疗、教育和商业等领域取得了显著成就。他们在教育和职业成就方面表现出色，收入水平也高于全美平均水平。因此，华人移民家庭通常非常重视教育，他们鼓励子女追求高等教育，以提高未来的就业机会和社会地位。华人移民中，高教育水平和技能的比例非常高，超过 50%。但同时，没有高中学历的低技能移民所占比例也比美国的平均数高，显示出华人社会内部的贫富差距。其次，在政治参与方面，华人群体与以往对政治活动的参与度相比有所增加。美国的移民政策和法律也对华人移民的融入经验有重要影响。政策的变化可能会影响移民的法律地位、工作机会和社会服务的获取。华人社区在美国的许多城市中都有强大的存在感，提供新移民必要的支持网络，包括语言帮助、职业指导、文化活动和社交机会。华人移民在融入美国社会的同时，也努力保留自己的文化传统和价值观，包括庆祝中国节日、参与文化活动和维持家庭传统。

文化上，华人移民在美国发扬了多样化的文化，对美国的科技发展和经济繁荣做出了重要贡献。他们不仅在各个领域取得了卓越成就，还增强了中美两国间的互动和协作，深化了两国人民的情谊。另外，尽管华人移民在美国取得了许多成就，但是美国社会仍存在偏见问题，这可能会影响华人移民的社会融入和心理健康。华人移民的子女通常在美国出生或长大，他们可能在语言和文化上更加融入美国社会，但也可能面临身份认同和文化冲突的挑战。

（4）华人移民在加拿大的融入情况

中国是加拿大永久居民主要来源国之一。根据加拿大统计局 2021 年的人口普查数据，加拿大有超过 171.38 万华人，占加拿大总人口的显著比例。华人在加拿大的分布广泛，主要集中在大城市如温哥华、多伦多和蒙特利尔等地区，他们在加拿大通常会选择这些讲英语的城市作为居住地，多伦多的华裔数量最多，将近 30 万人，占当地人口的 11%（见表 6-2）。

表 6-2　2021 年加拿大华人移民在各大城市人口数量和占比

城市	总人口（人）	华人人口（人）	占比（%）
多伦多	2761290	297725	11
温哥华	650385	159080	24
蒙特利尔	1723230	61715	4
卡尔加里	1291770	96180	7
埃德蒙顿	996490	64525	6
渥太华	1000940	47925	5

资料来源：加拿大统计局．2021 人口普查数据［EB/OL］．加拿大统计局网，［2024-03-11］. https：//www12. statcan. gc. ca/census - recensement/2021/dp - pd/sip/details/page. cfm？ Lang = E&PoiId = 2&TId = 0&FocusId = 1&AgeId = 1&Dguid = 2021A00053520005#sipTable.

首先，家庭和社会网络。华人移民通常会依靠非正式的社会网络来获取信息和寻求帮助。移民通过亲属关系、朋友关系和邻里关系来向祖籍国与移入国的早期移民及居民寻求帮助。家庭在华人移民的适应期扮演了重要的社会经济角色，移民家庭作为一个整体，会共同分担挫折，发展支持网络来应对他们在适应阶段遇到的困难和挑战。家庭成员间的亲情和互惠关系帮助年青一代可以更快适应陌生环境，这种需求关系具有高度的一致性。

其次，就业和专业认证。加拿大在吸纳专业人士移民方面有着丰富经验，未来 20 年内，中国将成为加拿大高技能移民主要来源国。华人移民大部分有着较高的受教育程度和专业技能，他们中许多人是专业人员或企业家。虽然加拿大中产阶级华人群体不断扩大，加拿大华人教育水平不断提高，但是并不意味着华人移民在就业过程中不会遇到困难，以及中国移民在本专业领域内求职会具有优势。全球化过程中，新自由市场和经济重组，经济周期问题等多方面原因都会造成结构性边缘化。技术移民资格要求是由加拿大联邦政府制定，但移民职业技能的资格认证和评估则由省政府执行，不同省份和地区在教育体制、技能培训和职业资格认证方面都有着不同的体系和标准，技术类移民需要一段适应过程才能够使其专业能力得到认证。

最后，主流社会专业人士的援助。华人移民在进入加拿大境内时，需要外界帮助来熟悉这个国家的各种制度，有助于他们定居。他们需要社会提供的帮助涵盖求职、语言培训（英语或法语）、子女教育等各个方面。而在日常生活领域，寻找住房、申请社保卡和医疗卡以及如何申请失业保险与儿童补助等方面都需要社会的帮助。华人移民除了向家庭成员、亲属、邻居和朋友寻求帮助，他们也可以根据需求向主流社会和华人社区的服务机构寻求帮助。加拿大的个人、团体和研究机构对如何将社会服务和医疗保险有效地覆盖不同种族移民群体进行过研究，文化和语言成为移民群体面临的最主要困难。决定移民群体的价值观、信仰和行为方式的文化如影随形，这些与加拿大当地的文化传统形成文化差异，可能会影响移民享受政府提供的正常的社会和医疗服务。人们在移民时通常会选择社会、政治和经济前景相对较好的国家。而输出国和迁入国的各种推拉因素、更大的社交网络与信息网络、较低的旅行费用共同推动了移民的循环式移居。加拿大学者认为，加拿大需要从个人和群体两个层面帮助少数移民族裔建立归属感，使他们把加拿大看成其能安居乐业的大家庭；加拿大政府为更好地吸纳移民，应不断改善其政治环境和社会环境，努力构建"多元文化、自由和民主"的理想社会。

（5）华人移民在澳大利亚的融入情况

中国是澳大利亚除技术移民外其他各移民类别的最大来源国。过去10多年，中国移民澳大利亚的人数一直在稳步上升。澳大利亚是多元文化的传统移民国家，华人移民的受教育程度较高，大学和研究生毕业的人数占总人口比重远高于其他亚裔群体和全澳水平。这些移民大多学有所长，在工程技术、医疗卫生、高等教育和文化艺术界中有一技之长。他们兼通中澳文化，串联东西桥梁，有创业大志且踏实肯干，被政府、学术界及社会其他各界所器重。经过一段时间的社会文化适应，他们大多能融入当地、置业创业，在澳大利亚不同行业中崭露头角。对于将文化认同看得很重的华人移民，语言永远是确定民族特征的重要因素，华语只能在华人社会和商业圈中使用，容纳不了迫切寻找工作的华人，因此在澳的华人移民的英语水平的高低与他的就业机会直接挂钩，影响着移民的收入和地位。在澳大利亚，市场经济已高度成熟，小商业企业是健全、开放、规范化和制度化的。大量的小商业企业不断上市，只要人们具有一定经济能力和贷款能力，就可以进行自我经营。经营者在经营一段时间后通过上市出售，这一市场是澳大利亚社会经济活动的重要组成部分，也不可替代地确保了自我就业的安全性和可靠性。

6.1.3　不同国家的城市融入主要做法

上海作为城市化和全球化发展最为快速的地区，必须积极面对大量的国内移民潮和国际移民急剧增加的趋势。在内外移民叠加潮涌的压力下，如何应对压力，如何充分利用移民资源，促进移民尽快融入当地社会，如何避免移民融入进程中的矛盾和问题，正日渐成为上海乃至中国各大城市移民管理中需要面对的现实问题。本节分析了主要国家和地区促进移民城市融入的经验做法，通过比较，为上海在外籍人口的城市融入方面提供借鉴。

（1）美国促进移民融入的主要做法

美国作为全球最大的移民目的地，其外籍人口的城市融入是一个多维度的过程，涉及教育、职业、文化、政策等多个方面，是一个涉及个人努力、社区支持、政策环境和经济机会的复杂过程。通过多方面的努力，外籍人口能够在社会经济和文化层面更好地融入主流社会，实现个人和社会的共同发展。

教育和职业成就是移民融入的主要途径。许多在美国的外籍人口通过教育和创业提高自身社会经济地位，利用跨国资源网络促进事业发展。然而，语言是新移民面临的主要挑战之一。美国提供了多种语言培训服务，帮助他们提高英语水平。同时，文化差异也是新移民面临的挑战之一，需要通过文化交流和教育来克服。移民社区和组织在帮助新移民重建社会网络方面发挥重要作用，但移民社区隔离问题仍对融入主流社会产生负面影响。美国的移民政策对融入有显著影响。美国制定了很多城市融入制度和措施，包括构建培训体系、增加移民教育、建立福利社会、给予财政补贴等。美国公民及移民服务局的职能中要求帮助外籍人口群体融入美国社会。定期发放的在美生活指南涵盖了安家立业、寻找工作、托儿服务、紧急情况协助等各方面的移民融入信息。政策收紧可能阻碍融入，但移民网络的力量往往更大。族裔经济和社区在帮助移民融入中发挥积极作用，如唐人街不仅是华人聚居地，还是他们参与经济活动的重要场所。

在全球化背景下，外籍人口的城市融入需要多方面的努力，包括深化国际互动与对话、策略性强化移民管理、尊重世界文化的多样性、优化资源与服务、强化移民身份归属感，以及筑牢安全风险意识、确保国家安全。美国国际移民的社会融入是一个复杂且多维度的问题，需要移民、政府和社会各方共同努力。通过提高英语水平、接受美国历史和公民知识的教育，以及参与社区和公民活动，移民可以在文化、社会、经济和政治等多个层面更好地融入美国社会，实现个人和社会的共同发展。同时，美国政府也在努力改革移民法，吸纳更多外国人才，以提高国际竞争力。

（2）英国促进移民融入的主要做法

英国在应对国际移民社会融入问题上采取了一系列综合性措施，旨在平衡移民带来的经济利益与社会挑战。

首先，英国通过制度性选择来调节移民流入。实行选择性移民政策，如计点积分制，鼓励高素质人才进入英国，同时对低技能移民施加限制。政府还提出了控制移民人数的目标，以收缩移民政策，确保移民政策的连续性和执政基础的稳固。其次，英国政府提供政策激励，保护移民权益，同时倡导"英国性"的融合。政府要求新移民学习英语，融入主流社会，并在社区层面提供支持，帮助移民逐步融入。再次，英国加强国际合作，与欧盟及其成员国以及移民输出国合作，消除政策冲突，为移民创造有利的国际环境。最后，英国利用社会资本和社区资源，增强社区凝聚力，推动移民的自然融入。

在具体措施上，英国政府调整移民政策，提高技术工人签证的最低工资门槛，确保移民家庭自给自足。此外，推行"限制—融合"移民政策，通过立法促进移民融合，如《1971 年移民法》和《1976 年种族关系法》。为了更实际地促进移民融入，英国政府在住房、教育和交通等方面制定了相关政策。这些政策旨在解决移民在这些领域面临的"种族惩罚"问题。英国还重视社区支持和服务，提供语言培训、职业培训等，帮助移民提升自身能力。同时，建立移民服务标准化体系，促进移民与本地居民的良性互动。英国政府推动了社区参与和服务支持的举措，如"重建生活工作计划"（Working to Rebuild Lives）和"整合事项"（Integration Matters），为难民和移民提供就业和教育支持。在社会保障方面，英国加强外籍人才的社会保障衔接，构建全方位的国际移民融入服务网络平台，防止人才流失。根据移民融合政策指数（MIPEX）的评价，英国在劳动力市场流动性、家庭团聚、教育、政治参与等方面表现较好，但仍需不断优化。英国还采用多元文化去殖民化模式，强调不同社会群体之间的平等，同时维持社会凝聚力。这种模式不仅关注同化过程，还尊重移民的文化和宗教身份。

总之，英国在促进国际移民社会融入方面，通过政策调整、社区支持、国际合作等多维度措施，力求实现多元文化的和谐共处，同时化解不同价值观之间的矛盾，为移民和本地居民创造一个包容、和谐的社会环境。

（3）德国促进移民融入的主要做法

德国致力于促进国际移民的社会融入，采取了全面且系统性的措施，一系列综合性措施旨在帮助外籍人口更好地适应德国社会，并增强其对德国的认同感。政府提供免费语言课程，包括德语学习、文化、历史和法律知识，旨在帮助移民提升语言能力、了解德国社会、增强就业能力，并通过综合融入课程和迎新课程促进社会认同。此外，德国通过《技术移民法》吸引和留住国际人才，放宽就业居留许可，为高级专业人才和管理人才提供优待，并通过欧盟蓝卡制度、留学生政策、投资创业居留许可等措施，简化居留种类，鼓励移民融入。

德国政府还通过文化和社会活动增强移民的社会认同感，如提供融合课程、改革入籍政策、促进多元文化对话、强调全民教育、丰富社会活动等。德国政府的结对帮扶计划则通过多层面支持，帮助移民融入社会和经济生活。德国还重视评估移民融入政策的效果，使用萨拉戈萨指标、"欧洲晴雨表"调查等方法，结果显示德国在移民融入方面取得了显著进步。

德国的移民融入政策体现了和谐社会理念，通过全面的政策设计和实施，促进社会成员间的相互理解和支持。政府优先考虑为新移民提供平等的社会经济机会、完善就业和创业环境。德国的融入措施包括社区支持、社会组织参与、学校和家庭合作，以及通过"体育促进融入"等项目，帮助移民在多维度上融入社会。政府还提供多语言信息网站，为移民提供生活和工作相关信息。德国致力于实现一个多元的社会环境，确保外籍人口能顺利融入并在德国贡献自己的力量，这些措施共同构成了德国促进外籍人口社会融入的框架。

6.2 国内：代表性省市国际移民状况及城市融入经验

GaWC 数据清晰显示，北京、上海与香港成为中国进入"Alpha+"国际大都市行列的三大城市。不过，考虑到"境内和境外""城市与省市"的概念，以及外籍人口数据的可得性与可比性，在研究过程中香港被替换，从省、直辖市层面，本书增加广东省作为典型的移民省份。从城市层面，本书增加在"粤"中具有代表性的、与香港毗邻并与北京、上海经济发展特征接近的城市，即广州和深圳，作为国际移民研究的国内城市。

6.2.1 北京、上海与广东外籍人口状况

（1）外籍人口规模比较

图 6-1 展示了 2020 年全国前十名省市境外人口，表 6-3 展示了北京、上海和广东"六普""七普"外籍人口和境外人口规模比较。根据 2020 年"七普"数据，截至当年 11 月 1 日，中国外籍人口总数达到 845697 人，主要来源国为亚洲邻国和欧美发达国家。受新冠疫情影响，上海市的外籍人口数量有所下降，降至 100195 人，其中日本、韩国、美国的外籍人口占比超过 70%。上

海的外籍人口以中青年为主，年轻人居多，这一现象体现了上海作为现代化国际大都市的城市特色和地位。尽管疫情带来了一定影响，但是上海对外籍人口的吸引力依然强劲。作为经济发达、国际化程度高的城市，上海吸引了全球各地的人才和企业家的目光，他们在这里找到了发展的机遇，并为上海的城市建设和文化多样性注入了新的动力。根据《2022 上海科技进步报告》，截至 2022 年底，上海共发放《外国人工作许可证》37 万余份，其中高端外国人才（A 类）达 7.1 万余份，上海在吸引外国人才数量和高端人才总量方面均居中国内地首位。

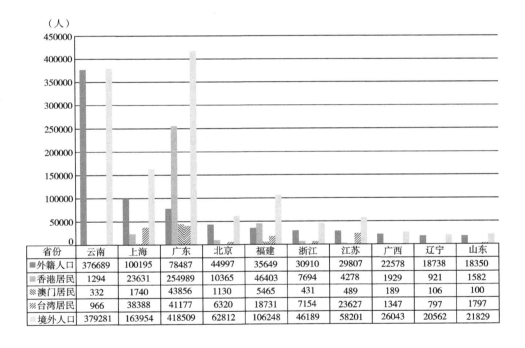

省份	云南	上海	广东	北京	福建	浙江	江苏	广西	辽宁	山东
■外籍人口	376689	100195	78487	44997	35649	30910	29807	22578	18738	18350
▨香港居民	1294	23631	254989	10365	46403	7694	4278	1929	921	1582
▧澳门居民	332	1740	43856	1130	5465	431	489	189	106	100
▨台湾居民	966	38388	41177	6320	18731	7154	23627	1347	797	1797
□境外人口	379281	163954	418509	62812	106248	46189	58201	26043	20562	21829

图 6-1 2020 年全国前十名省份境外人口

资料来源：2020 年第七次全国人口普查数据。

表6-3 北京、上海和广东"六普""七普"外籍人口和境外人口规模比较

	北京				上海				广东			
	"六普"外籍人口	"六普"境外人口	"七普"外籍人口	"七普"境外人口	"六普"外籍人口	"六普"境外人口	"七普"外籍人口	"七普"境外人口	"六普"外籍人口	"六普"境外人口	"七普"外籍人口	"七普"境外人口
人数（人）	91102	107445	44997	62812	143496	208602	100195	163954	74011	316138	78487	418509
占境外人口比（%）	84.79	100	71.64	100	68.79	100	61.11	100	23.41	100	18.75	100

资料来源：2010年第六次全国人口普查数据、2020年第七次全国人口普查数据。

外籍人口在上海的教育、医疗、科技等领域以及金融、法律、贸易等行业发挥着重要作用，这得益于上海作为国际金融中心的地位和开放的政策环境。上海市政府规划在2020年前后初步建成国际金融中心和国际航运中心，外籍人口的增长为此提供了重要支撑。尽管目前上海的外籍人口比例尚未达到世界城市标准的10%以上，但其数量正在快速增长。

北京的外籍人口数量为44997人，来源地以韩国、美国为主，占比超过50%。北京外籍人口中，年轻人和老年人相对较多，中年人较少。这可能与北京的经济发展和文化多样性有关，吸引了来自世界各地的不同年龄段的人。主要集中在教育、医疗、科技等领域。这是因为北京作为中国的首都，拥有众多高校、科研院所和国际组织，吸引了大量外籍人才来此工作和生活。北京自确立"建设国际化大都市"的城市发展目标以来，外籍人口的数量与日俱增，包括驻京使馆外交人员、驻华国际机构工作人员、因招商引资和人才引进而来京的人员及留学生等。这一数据反映了北京作为中国的首都和国际交往中心，吸引了大量来自世界各地的外籍人口。他们中的许多人可能是为了工作、学习或家庭原因而来到北京，为北京的多元文化和社会发展做出了贡献。

广东的外籍人口数量为78487人，来源地以越南、泰国、印度尼西亚为主，占比超过60%。广东外籍人口呈现更加多元化的年龄分布，各个年龄段都

有所体现。这可能与广东作为改革开放的前沿阵地，吸引了不同背景和年龄阶段的外籍人口有关。这一数据显示了广东作为中国对外开放的前沿阵地，对外籍人口的吸引力同样不容小觑。广东拥有多个经济特区和自由贸易试验区，为外籍人口提供了广阔的发展空间。此外，广东地理位置优越、气候宜人，也吸引了许多外籍人口前来居住和生活。因此，广东的外籍人口主要以制造业和服务业为主。广东作为中国改革开放的前沿阵地，吸引了大量外资企业在此投资兴业，需要大量的外籍员工来满足生产和管理的需求。

（2）北京、上海和广东外国留学生和海外人才比较

根据《上海统计年鉴2023》的数据，2010~2022年，上海的外籍留学生人数整体呈现增长趋势。特别是在2020年，留学生人数显著增加至25196人，留学生中有68%来自"一带一路"沿线国家或地区，这表明上海在国际合作和交流方面具有较强的吸引力。然而，2021年和2022年的数据略有下降，这可能与疫情等因素有关。在留学生来源地方面，最大的留学生群体来自亚洲，占比超过一半，而欧洲和大洋洲的留学生人数相对较少但稳定，非洲、北美洲和南美洲的留学生人数虽然最少，但也呈现增长趋势。与《北京统计年鉴2023》中的数据相比，2022年北京的外籍留学生人数为34272人，其中亚洲地区同样占据最大份额，显示出亚洲在国际学生中的重要地位。上海和北京的留学生规模和来源国都非常接近。在北京留学的学生享有独特体验与优势，如感受3000年建城史、870年建都史，体验国际化、现代化的便捷生活。与此同时，北京拥有众多一流大学和优势学科，可招收国际学生的高校和科研机构近百所；拥有众多跨国企业、高科技领军企业，可以获得更多机会和发展空间；拥有众多图书馆、博物馆等优质资源，能够提供舒心放心的学习环境。从公开资料来看，与北京、上海相比，广东留学生数量相对较少，但广东正成为来华留学的热门地区。广东正在打造"留学广东"品牌，通过增加奖学金名额和资助力度来吸引优秀的国际学生。此外，广东高校还增设了"丝绸之路"

外国留学生奖学金项目，以鼓励更多有志于到中国留学的国外优秀学生来粤就读。中山大学作为广东最好的大学之一，吸引了大量来自世界各地的留学生，尤其是国际汉语专业的学生。

据教育部国际合作与交流司公布的 2022 年数据，共有来自 205 个国家和地区的 492185 名外国留学生在中国学习，比 2016 年增加了 49412 人，增长比例为 11.16%。这些留学生分布在中国 31 个省、自治区、直辖市的 829 所高等学校、科研院所和其他教学机构中。上海在吸引留学生方面有显著优势，各高等院校复旦大学、上海交通大学、同济大学和华东师范大学通过多种举措吸引海外留学生。例如，华东师范大学和美国纽约大学合作的上海纽约大学为本地学生和海外留学生提供了国际合作交流学习的机会。上海作为一个国际化大都市，具有文化包容性，为留学生提供了丰富的文化交流机会，而北京则凭借其世界一流的高校和研究机构，提供了高质量的教育资源和学术机会，这些也都是吸引留学生的关键因素。根据全球化智库（CCG）发布的《中国留学发展报告 2020~2021》，2020 年留学回国发展的人数也首次超过出国留学的人数，2021 年留学回国人员超过 100 万人。改革开放以来至 2021 年，留学回国人员总数超过 600 万人，成为中国现代化建设的重要智力和知识资本。广东在回国人员的创业和就业方面发挥了重要作用，政策管理面的突破吸引了更多海归人才。

在 2021 年，上海的人才总量和高层次人才数量不断提升，人才发展环境不断改善。由上海市科学学研究所与施普林格·自然集团合作开展的《2022"理想之城"全球高水平科学家分析报告》显示，上海高水平科学家体现出高集聚度、高增长率和高国际化的特点。北京、上海、纽约、伦敦、波士顿高水平科学家人数位列全球 20 座主要城市的前五位。从 33767 名外籍科技人才的工作情况来看，在沪国际科技人才集中在企业中，占比高达 96.6%。在行业分布上，在沪国际科技人才主要集中在制造业、软件和信息传输技术服务业、批发和零售业，这三大行业占比超过 55%。

按从业领域分，上海三大重点领域——生物医药、集成电路、人工智能中，人工智能领域的国际人才工作变动频度较高，而生物医药和集成电路领域的国际科技人才工作变动相对适度。总体来看，上海三大重点领域工作变动活跃度情况处于中等偏上的水平。这说明在这三大重点领域中，上海在沪科技人才工作市场较为健康、活跃。

（3）不同国籍外籍人口居住地选择存在差异

不同城市常住外籍人口的空间分布特征会带有不同的城市特征，通过对北京、上海和广州的外籍人口分布特征的对比分析、归纳总结，可以发现外籍人口最独特的内在特质，并有助于对相关理论进行验证和探讨。

公开资料显示，北京的外籍人口主要分布在朝阳区和海淀区，其中朝阳区外籍人口占全北京外籍人口的一半以上，主要分布在望京街道和麦子店街道。望京社区主要聚居了韩国人，日本人更倾向于住在以长富宫、发展大厦为中心的两个日本村，也属于朝阳区和东城区，离韩国人聚居地不远。欧洲外籍人口喜欢在使馆区和燕莎商圈居住，商城、凯宾斯基饭店为中心的德国人居住中心。美国人则更喜欢选择顺义区和中关村。

从上海"六普"和"七普"数据的汇总比较可以发现，从居住情况来看，浦东新区、闵行区、长宁区是外籍人口居住最多的三个行政区，也是上海仅有的三个港澳台居民和外籍人员居住数量超过万人的行政区。从工作情况来看，外籍人口居住最多的三个行政区分别是浦东新区、长宁区和闵行区，这与其居住区域分布情况基本一致。浦东新区大多数聚居着欧洲和北美洲的外籍人口，也有少部分的印度、日本等外国人。长宁区聚居的都是日本人，最著名的就是虹桥古北社区，社区中 50% 的外籍人口有 3/4 都是日本人。闵行区的外籍人口大多数来自韩国，虹桥镇已经形成了成熟的韩国城，路边商店招牌都是韩语、服务员也通常讲韩语，形成了典型的"国中国、城中城"。还有一些外籍人口分布在徐汇区等各个区县。

按在广州居住地行政区域划分，广州外籍人口聚集区有天河、越秀、番禺、白云四个区。日本人多居住在天河北、珠江新城、白云大道北；韩国人大多数聚居在白云区棠景、天河北、番禺、珠江新城和滨江东；美国人大多居住在天河北、二沙岛和环市路附近。

三座城市的外籍人口空间分布呈现相同和不同的特征。首先，外籍人口大多分布在靠近外国人工作、学习场所附近，如上海的外籍人口分布在外企集聚的区域；北京的外籍人口分布在使馆和高校附近；广州的外籍人口分布除了具有以上特性，其中非洲人喜欢聚居在小商品市场附近。其次，外籍人口聚居地区周边设施比较完善，有西餐厅、酒吧、咖啡馆、健身房等西式的休闲娱乐配套设施。当然，国际学校、国际医院等公共服务设施也是不可或缺的。再次，外籍人口分布地区大多数建筑品质良好，建筑风格比较国际化，房价或租金都高于周边普通住宅，因此也会吸引一些本地比较富有的高资人群与外籍人口混居。最后，最为关注的一点是外籍人口空间分布呈现以国籍和洲际划分的集聚特性。在华的外籍人口同样呈现国际移民喜好聚居的特性，会出现一些类似于"飞地"的同民族、同国籍集聚地。但各国籍的集聚地在城市内分布位置不同，韩国人、日本人大多喜欢聚居在市中心地区，并且这两个国籍的聚居地会很临近，甚至会有交合。美国人、欧洲人通常喜欢选择设施比较好的新城，通常会在市区的远郊。当然，也会有一部分欧美人会散落在城市的中心城区、近郊区或远郊区等其他地区，并且欧美人比较喜欢聚居在一个社区中。可见，东西方文化的差别会影响着不同国籍、不同洲际的外籍人口在城市的不同地区集聚。但无论如何，这三座城市都给外籍人口提供了大量的就业机会、较高水平的酬金和适宜的社区环境，使外籍人口能施展才华、实现梦想。

6.2.2　北京、上海与广东外籍人口城市融入经验

中国城市发展不仅为外籍人口提供了更优质的生活和工作环境，还提供了

投资、创业和就职于跨国公司的机会，吸引了越来越多的外籍人口，是中国更多融入国际劳动力市场的一种体现。目前，中国并没有专门提升外籍人口移民融合政策，主要还是从外籍人口的引进、服务和管理方面来提升外籍人口城市融入水平。

（1）移民融合政策

此处主要以具有代表性的北京、上海、广州介绍移民融合政策的相关经验。

1）北京市。北京加强区域合作，提倡京津冀人才一体化，同时也着力创造和改善外籍人口各方面环境。2021年十三届全国人大四次会议以来，北京实行了多项外籍人才出入境新政，进一步促进外籍人才与创新要素跨境跨界的自由流动，推动开展外籍人才出入境便利管理改革、外籍优秀人才吸引聚集，对部分高科技技术及服务业机构逐步放开外资投资准入限制、企业境外投资自主权试点、外汇管理改革等试点。特别是海淀区建设的全国科技创新中心核心区，多个"世界实验室"引领科技创新，将形成一批具有全球影响力的科技成果。为了方便外籍人才，公安部设立了中关村外国人永久居留服务窗口、北京市中关村外国人永久居留出入境管理处，对中关村市场化外籍人才申请永久居留实施积分评估制度；对中关村创业团队外籍成员和企业选聘的外籍技术人才提供办理口岸签证和长期居留许可的便利。中关村率先试点，对中国探索更开放的"绿卡"制度、更多吸引国际化人才具有表率作用。

2）上海市。一直以来，"海纳百川"是上海的城市精神，中西文化在这里交流碰撞，创造了辉煌。作为拥有租界历史和海派文化的上海，外籍人口在这里融入较其他城市更为容易。上海目前已公布了《上海市外国人移民融入服务体系规划（2022–2025）》，旨在深入贯彻新时代人才强国战略，加快建设具有世界影响力的社会主义现代化国际大都市。规划的目标是到2025年，基本完成本市移民融入服务体制、机制和保障体系建设，全面建成以移民事务服务中心为核心的服务体系。它既是上海也是中国首个移民融入方面的市级规范性文件，旨在建设一个符合时代特征、中国特色、上海特点的外国人移民融入服务体系，以提升上海的城市软实力和国际人才吸引力。

3）广州市。随着到广州经商、居住和就业的外籍人口增多，为了能为外籍人口提供更加方便的服务，专门成立了改善广州涉外环境联席会议，给来广州生活、创业的外籍人口发行了《外国人服务手册》，政府网站开设了英文窗口等。为了应对国际移民带来的社会问题，广州加大了对外国人管理工作力度，颁布《广州市流动人员管理规定》，将外籍人口纳入实有人口管理和服务系统。在外籍人口居住较多的地区开展外国人管理试点工作，建立"外国人管理服务工作站"，使外籍人口管理服务工作延伸至社区。上述种种工作有效地缓解了外籍人口相关的社会治安问题。此外，珠三角各大城市为吸引海外人才竞相出台各种奖励政策，特别是广州、深圳、珠海、东莞等地区。广州出台了《中共广州市委 广州市人民政府关于加快集聚产业领军人才的意见》和《中共广州市委、广州市人民政府关于加快吸引培养高层次人才的意见》及10个配套实施办法等，提出了对海外高端人才科研、落户、创业提供扶持，及时为他们解决在岗位聘用、经费支持、职称评定、住房解决、安家入户、配偶就业、子女入学、医疗保障等方面问题，这对高端外籍人才尽快适应广州环境的效果非常明显。

（2）国际人才社区建设

国际社区的建设对外籍人口城市融入具有关键性的作用，也是外籍人口融入社会非常重要的环节，此处我们对北京、上海、广州和深圳的国际社区建设进行探索分析。

1）北京市。北京市人才工作领导小组于2016年在全国率先提出首都国际人才社区建设理念。2017年，北京市人才工作领导小组印发了《关于推进首都国际人才社区建设的指导意见》，确定朝阳望京、中关村科学城、未来科学城、新首钢 4 个首批试点，并正式启动建设。2019 年，又新增通州、顺义、怀柔科学城、经济技术开发区 4 个建设区，实现了"三城一区"全覆盖，正式形成 8 个具有时代特征、首都特色、区域特点的国际人才社区。从具体规划来看，朝阳望京、中关村科学城等建成区着重提升改造，顺义和经济技术开发区等在建区着重吸纳融合国际元素，新首钢、怀柔科学城等新建区着重做好规划引领，该方案只做方向引导，根据各区不同资源禀赋和发展特征提出了分区引导建议和针对性解决方案。昌平区以未来科学城国际人才社区作为依托，坚持"科学+城"理念，聚焦开放搞活，完善体制机制，强化重点突破。北京市昌平区人民政府公布的数据显示，未来科学城规划范围 170.6 平方千米，呈现两区一心空间布局，其中东区 43.5 平方千米，西区 60.7 平方千米，生态绿心 66.4 平方千米，24 家国家级科研机构，4 万多名科技从业人员，国家级高新技术企业超过 1900 家，创新型企业达到 4600 余家，2023 年有 105 个项目推进，17 个项目投产运营，9 个项目签约，一批科技成果转化项目加速落地，佰仁医疗成功登陆科创板。

在科技人才集聚方面，2018 年，北京出台了《新时代推动首都高质量发展人才支撑行动计划（2018—2022 年）》。为落实该行动计划，2019 年，北京市人才工作领导小组印发了《加快推进首都国际人才社区建设 2019 年工作方案》，为确保如期完成建设目标制定了具体的工作方案。2020 年印发实施了《首都国际人才社区建设导则（试行版）》（以下简称《导则》），制定了"1+3+9"顶层设计，"1"是指以国际人才需求为核心，"3"是指以国际化、生态化、数字化为主要导向和建设理念，"9"是指九大建设场景，分别是宜居社区、邻里交往、教育文化、创新事业、医疗健康、交通网络、生态低碳、服务配套、管理治理，覆盖到了国际人才所关心的主要的九个方面。这是国内第一个国际人才社区建设导则。在职业发展方面，朝阳区进一步促进国际科技创新资源集聚，研究制定北京市朝阳区促进跨国公司研发机构发展的支持政策，开展科技资源整合利用、供需对接、政策宣传等活动，营造良好的科技创新和产学研用合作环境。推进北京市朝阳区众创空间资源一体化服务平台搭建工作，出台《朝阳区众创空间入驻企业管理办法（试行）》，积极向用人主体放权，全面为人才松绑，充分激发国际人才创新创业创造活力。在生活环境方面，打造宜居便利的生活环境。服务海外人才多元文化和异质需求，建设多种形式的人才公寓、酒店等居住空间。根据国际人才入住情况，逐步完善国际医疗、国际教育服务，统筹区企资源，建设剧场、影院、餐饮机构、购物中心等文化娱乐和生活消费类设施，构建多元化服务业体系。构建多语种标识系统、导向系统，优化无障碍设施及特殊人群辅助设施。开展光纤网和无线宽带全覆盖建设，探索逐步开通境外社交媒体网站。建设绿色生态廊道和景观公园，优化提升生态景观环境。按照国际一流的和谐宜居之都标准，把水、绿地及生态廊道建设摆在优先位置，建设绿色生产、生活、生态体系，努力成为城市绿色转型的"精品示范"。整体打造城市绿轴，同步建设生态公园，大幅提高区域绿地覆盖率。

2）广州市。2020年10月，广州率先在天河区试点国际社区，确定辖内境外人士居住较为集中的猎德街凯旋新世界、五山街汇景社区作为首批试点，打造具有全球视野、广州特色、精品优质、开放包容的国际社区。以天河区首批试点的两个国际社区为例，其中设立了境外人士服务站、中外居民文化交流融情站、涉外志愿服务站、涉外人才服务站、中外居民共商共治议事厅等"四站一厅"，为涉外人才提供多项服务和柔性关怀。这样的"一站式"服务有利于营造自由、宽松、开放的人才氛围，提升改善人才工作、生活质量，免除人才的后顾之忧。天河区已制定了《天河区国际社区建设试点方案》，成立了工作领导小组，明确了五大工作任务、两大重点项目和工作机制。其中，两大重点项目分别为成立广粤国际社区居委会，在试点街道社区打造"一站式"国际社区服务实体平台。据了解，"一站式"国际社区服务实体平台需具备

"四站一厅"的基本功能，具体为境外人士（含港澳同胞）服务站、中外居民文化交流融情站、涉外志愿服务站、涉外人才服务站、中外居民共商共治议事厅。

在科技人才集聚方面，2021 年 6 月，广州开发区发布了《中新广州知识城国际人才自由港聚集人才若干措施（试行）》，旨在建设国际人才自由港，大力推进国际人才吸引。该文件提出，将知识城打造为国际人才自由港。为"筑巢引凤，集聚英才"，知识城积极完善各类配套设施，加快建设国际人才社区，为人才提供良好的生活居住环境，使人才引得进、留得住。在知识城中加快建设国际人才社区。在职业发展方面，打造自主创新、知识密集的"三大集群"。一是做强全球顶尖生物医药产业集群。建设 3.3 平方千米的国际生物医药价值创新园，由王晓东、施一公等院士领衔，以百济神州、诺诚健华、GE-龙沙、康方生物等为代表，引进创新制药项目 40 多个①。二是完善集成电路产业化集群。湾区半导体产业园，以粤港澳大湾区唯一的量产 12 英寸晶圆的生产商粤芯为龙头，打造国家集成电路产业第三极核心承载区。三是做大新能源汽车产业集群。打造 3.5 平方千米智能制造园，以小鹏汽车、百度阿波罗智能网联汽车为代表，努力建设智能制造现代工程技术创新中心。在生活环境方面，广州知识城社区在基础设施、教育、医疗卫生、商业配套等方面营造适宜国际人才生活和工作的环境。在基础设施建设方面，高标准打造现代化城市新样板。建设 40 千米风雨连廊，100% 实施绿色建筑。建成"8 条轨道交通、5 条高速公路、7 条城市快速路"交通路网，实现 1 小时快速通达大湾区主要城市②。在教育方面，2023 年广州共有各级各类学校 3922 所，其中包括普通高中 134 所③，实现从幼儿园至高中优质教育资源全覆盖，同时引进西安电子

---

① 资料来源于经济参考网。
② 资料来源于广州市黄埔区人民政府网。
③ 资料来源于《2023 年广州市教育事业发展统计公报》。

科技大学、中国社会科学院大学等高水平研究院，建设具有国际影响力的科教创新园，并经人社部批准，成立社区博士后科研工作站。在医疗卫生方面，集聚中山大学肿瘤防治中心、南方医院等高水平医疗资源。在商业配套方面，共规划建设 23 处邻里中心，知识城城南邻里中心、绿地缤纷城等商业综合体已开业，330 米中新合作标杆项目"知识塔"已动工建设①。

3）深圳市。深圳于 2020 年 11 月为该市首批 13 个"国际人才街区创建点"授牌。首批获授牌的深圳市人才研修院、福田区香蜜湖街道、罗湖区桂园街道、南山区蛇口街道及招商街道、盐田区梅沙街道、宝安区新安街道、龙岗区坂田街道、龙华区民治街道及观澜街道、坪山区坪山街道、光明区光明街道、大鹏新区大鹏街道 13 个单位作为国际人才街区建设的创建点，先行开展国际人才街区建设的探索实践，为提供国际化人才发展环境积累宝贵经验。深圳具有代表性的国际人才社区所在区域代表为南山区。该区外籍人员集聚程度高，深圳市南山区人民政府公布的资料显示，南山常住外籍居民约 2.3 万人，占全市的 40%，覆盖 160 多个国家。南山区高度重视，将国际人才街区建设列入区人才工作重点改革项目，按照政治引领、服务贴心、社群融合、事业成就、国际代言"五位一体"要求，突出优化人才发展环境、提升南山国际人才吸引集聚能力的核心要求和示范意义，在全区范围内有批次地选择了蛇口、招商、粤海和桃源 4 个试点街道，以服务国际人才需求为导向，建设一批有海外氛围、有多元文化、有创新事业、有宜居生活、有服务保障的特色街区，为国际人才营造开放共享的创新创业环境、多元包容的文化环境以及优良便利的生活环境。南山把国际人才街区建设深度融入全区"3+3"战略示范工程，结合西丽湖国际科教城、西丽高铁新城、深圳湾滨海文化走廊、蛇口国际海洋城等国家、省市重点工程，以国际人才发展需求为导向，努力实现国际人才创新创业与宜居宜业协调发展。

---

① 资料来源于广州市黄埔区人民政府网。

在科技人才集聚方面，深圳实施了《深圳市中长期人才发展规划纲要（2011~2020 年）》，出台了引进培育高层次专业人才和高技能人才的"高层次专业人才 1+6"文件。深圳制订了"孔雀计划""人才安居"等人才激励计划，提出 20 个方面 81 条 178 个政策点，再造人才政策高地。178 个政策点涵盖人才引进、培养、评价、使用、激励等方方面面的政策。一是落实优化人才发展的财税和股权激励政策。从企业所得税、个人所得税方面对企业和个人进行补贴。对国有企业，激励其混合所有制改革，鼓励人才投股，以股权激励。二是大力推动人才法治先行区建设。建立前海法庭，在法庭中引进香港及国际的法务人员，以适应国际法律发展，并与国际接轨。三是完善各项人才综合服务配套政策。在外籍、港澳台、留学人才的政策方面，考虑其生活方面的便利性，通过政策制定，提供与住房、教育、医疗相关的全方位保障。在生活环境营造方面，努力营造宜居宜业的环境，努力打造开放包容的社区氛围。一是加快建立完善公共管理和社会服务体系。比照国际人才社区标准，建立公共服务体系，以产业发展用地为中心，开展商务与配套中心的建设，完善生活配套设施。二是积极培育多元化人文环境。树立环境布局理念，引进适合居住习惯的生活休闲配套设施，打造具有国际多元文化氛围的人居环境。尊重不同国家和地区、民族和种族各类人才的生活方式和文化习俗，逐步建立多语种的工作和生活语言环境，努力建设开放包容、多元和谐、具有国际影响力的人才社区。

4）上海市。从上海全市情况来看，上海国际人才集聚比较明显的社区大部分集中在中心城区和几大开发区的空间内，在上海中部形成一条自西向东的条状地带。其中，除古北、碧云、联洋、张江等一系列对国际人才吸引力强的国际社区外，在原浦西的中心城区（主要是黄浦区，以及静安区、徐汇区的内环部分等）以及非中心城区的核心区域（如五大新城等）也聚集了相当数量的国际人才。这些区域虽然没有较大规模、相对集聚的国际人才社区，但依托其历史底蕴、产业集聚、文化优势等，同样集聚了相当数量的国际人才，主要以老洋房、高端公寓等形式，为国际人才提供居住空间。改革开放以来，特别是浦东开发开放以来，上海国际人才政策在首创改革中不断创新发展，其中以浦东新区最具代表性，其国际人才工作根据政策要点可分为四个阶段：第一阶段是国际人才工作的准备期（1993～2000 年），以 1993 年浦东成立人才交流中心为标志，其工作要点是积极引进海内外人才；第二阶段是国际人才工作的启动期（2001～2009 年），以 2001 年浦东实施"千人回国"留学人员工程为标志，其工作重点是积极引进海外高层次人才；第三阶段是国际人才工作的发展期（2010～2020 年），以 2010 年部署建设浦东国际人才创新试验区为标志，其工作重心是创新人才体制机制和优化人才发展生态；第四阶段是国际人才工作的成熟期（2021 年至今），以 2021 年浦东打造国际人才发展引领区为标志，其工作重心转移至更加综合的高水平人才高地建设。经过三十多年来的持续发展，上海国际人才工作已经取得历史性成就，国际人才队伍不断发展壮大，国际社区治理不断优化，城市国际声誉不断提升，连续多年被评为"海归人员就业的首选城市""外籍人才眼中最具吸引力的中国城市"。

从 1986 年的第一代国际社区古北，1997 年的第二代国际社区联洋—碧云，2005 年的第三代国际社区新江湾城，2008 年的第四代国际社区森兰—唐镇，到 2012 年第五代国际社区大宁，国际社区逐渐从商业地产品牌转向基层治理常态，也构成了上海以居住地为主的国际人才社区的基本面向。经过三十多年的探索实践，以古北、联洋为代表，上海基本上探索形成"融"社区组织架构、社区公共空间、社区涉外服务站、文化融合服务为一体的国际社区治理体系。具体而言，主要做法包括：一是探索形成国际社区治理架构，以古北为例，荣华居民区探索形成"一核、两委、三站、四平台"的社区治理体系，即以居民区党总支为领导核心（"一核"），荣华居委会、古北国际社区建设促进委员会（"两委"）为组织枢纽，水城南路、伊犁南路、古北路三个社区工作站（"三站"）为执行主体，业委会主任沙龙、物业经理联席会议、社区单位联席会议、市民议事厅（"四平台"）为协商议事平台，基本构建社区治理主体多元共治工作体系，并通过全国人大常委会基层立法联系点，将境外人员也纳入立法征询等全过程人民民主实践；二是注重营造国际社区公共空间，以古北为例，荣华居民区在街道的支持下于 2007 年建立古北市民中心，并在 2011 年迁入建造标准更高的新址并赋予"4+8+X"新职责，即事务受理、生活服务、文化融合、社区共治四大功能板块，整合社区事务受理中心、社区文化中心、综治中心、志愿服务中心、党员服务中心等职责构建新型综合服务平台，并辅之以专业性高品质服务项目；三是探索实践社区涉外服务站，以联洋为例，联洋国际社区涉外服务站于 2012 年 2 月成立，是一种集入住登记、咨询指导、沟通交流等功能于一体的"一站式"新型社区服务模式，2016 年起加载移民融入服务站功能，推出"五个一"便捷服务，即一个公开栏、一个微信公众号、一份英文报、一本《乐活联洋生活指南》手册和一整套的贴心服务，配备涉外社工 12 名，具备英语、日语、韩语三大语种交流能力；四是探索推进文化融合服务，以古北为例，以"融情家园"建设为引领，树立"融之情"工作品牌和项目，引进 21 家层次较高的社会组织，为社区居民开设书法班、国画班、汉语班、香道班、瑜伽班、合唱团、舞蹈队等52 类高品质教育课程，以 13 支群众文体团队为抓手，通过社区志愿文化建设与辖区内各类境内外志愿者组织建立互动关系，并从中挖掘境外志愿骨干，由"局外人"变成"热心人"，架设起中外居民间的文化之桥、友谊之路。由此，经由古北国际社区建设促进委员会、古北市民议事厅、基层立法联系点、古北市民中心、社区涉外服务站等社区参与途径，基本实现外籍人口全过程参与国际社区治理，在此基础上，荣华居民区在古北国际社区治理实践基础上总结提炼形成"融工作法"社区工作方法和国际社区治理制度汇编，将为当前的国际人才社区治理提供一整套可复制、可推广的模式化经验和制度体系。

6.3 本章小结

本章深入探讨了全球化背景下国际移民格局的变化趋势，以及不同国家或地区的华人融入情况，并结合主要国家和地区的城市融入经验，为上海外籍人口的城市融入提供借鉴。

近年来，国际移民格局发生显著变化，呈现以下特点：全球化推动了国际移民的增加，移民模式受到个人选择、国家政策和全球经济动态的影响。疫情等问题对移民流动产生了显著影响，但总体上移民数量仍在上升。高技能人才的流动增加，教育国际化成为关键，同时人道主义和健康危机也对移民产生了深远影响。华人移民在不同国家的融入情况各异：①美国。华人通过职业和家庭移民途径融入，经济和社会地位逐渐提升，但面临文化冲突等的挑战。②加拿大。华人依靠家庭和社会网络，面临就业和专业认证的挑战，但逐渐增加对政治活动的参与。③欧洲。新一代华人高技术移民在融入社会方面表现出更高的程度，但语言障碍等仍是问题。④澳大利亚。华人移民受教育程度较高，逐渐融入当地社会，但语言能力仍是关键。⑤非洲。华人移民经济资源有限，需要从传统行业转向制造业和高新技术产业才能获得更多的发展机会，政治参与度较低。各国在促进移民城市融入方面采取了多种措施：①美国。通过教育和职业成就促进融入，提供语言培训和文化交流机会，发挥社区和组织作用，并制定移民融入政策和措施。②英国。通过制度性选择调节移民流入，提供政策激励，倡导"英国性"融合，加强国际合作，利用社会资本和社区资源。③德国。提供免费语言课程和文化活动，吸引和留住国际人才，并通过评估政策效果不断改进。

国内北京、上海与广东的外籍人口状况和城市融入经验也非常值得借鉴。从外籍人口规模来看，上海外籍人口数量最多，北京次之，广东第三，主要来源国和分布区域存在差异。从留学生和海外人才来看，上海和北京吸引留学生和海外人才数量较多，广东正在积极打造"留学广东"品牌。从居住地选择来看，外籍人口主要分布在靠近工作、学习场所附近，设施完善、建筑品质良好的区域，并呈现以国籍和洲际划分的集聚特性。各大城市的城市融入经验不同，但主要是通过加强区域合作、制定移民融入政策、建设国际人才社区等措施促进外籍人口城市融入。北京、上海、广州和深圳在吸引和融入国际人才方面也积累了丰富的经验，通过政策创新和社区建设，提升了城市的国际化水平和人才吸引力。通过以上措施，上海可以更好地吸引和留住外籍人才，提升城市国际竞争力，建设更具包容性和创新活力的国际化大都市。

第7章

外籍人口城市融入与
管理服务创新策略

7.1　新时代加强外籍人口融入及管理服务创新探讨

为了更好地吸引和留住、管理和服务好外籍人口，根据我国部分城市（如上海）全面建设社会主义现代化国际大都市远景目标，以及高水平人才高地建设的当前形势，提出以下几点建设性的对策。

7.1.1　把握机遇，规划未来

2021 年 9 月，习近平总书记在 2022 年中央人才工作会议上提出，"加快建设世界重要人才中心和创新高地"，"在北京、上海、粤港澳大湾区建设高水平人才高地"。这是习近平总书记深刻把握世界发展大势和发展规律，在更高起点、更高层次、更高目标上，对加快建设人才强国作出的顶层设计和战略谋划，为深入实施新时代人才强国战略锚定了新坐标、树立了新标杆、描绘了新愿景。2022 年，上海市委、市政府强调，加快推进高水平人才高地建设，在人才强国雁阵格局中发挥"头雁效应"；彰显国际化的人才导向，加快吸引集聚海外高层次人才；营造高品质的人才生态，以精准精细精心的服务，实现人才安心安身安业。上海等城市必然要面对外籍人口大量增多的现实，需要在各方面做好应对准备。我国部分城市（如上海）建设成为世界城市，中心城区将形成与全球经济联系很强的全球需求中心，城市郊区会形成大量的副中心和边缘城市，而全球需求中心需要一定数量的国际化人口和国际化人口集聚区。虽然目前人口国际化程度较低，但是外籍人口形成了空间集聚，已产生了集聚效应，并形成了一定的社会文化环境，为吸引更多的国际人才、增强城市竞争力提供了良好的人文环境。

我国部分城市（如上海）要研究制定外籍人口发展规划，明确未来若干年的发展目标。在规划制定中，既要注重外籍人口的数量，也要注重外籍人口的质量，吸引更多的外籍人才来工作。同时，对外籍人口在当地工作、生活的政策环境、医疗、教育需求，国际性经济、文化等组织入驻，国际社区建设，涉外文化体育活动发展，涉外窗口服务水平，地方媒体在外籍人口中的覆盖率及国际影响等指标，制定专项规划，切实予以推进。

第一，为外籍人口提供创新土壤和生活乐土。习近平总书记在参加第十二届全国人大三次会议上海代表团审议时指出，"创新是引领发展的第一动力"，"适应和引领我国经济发展新常态，关键是要依靠科技创新转换发展动力"。在前沿性、探索性的科技活动中，要保护专业技术人才对于科学的探索精神，尽量减少冗繁的行政干预，避免不良学风影响到外籍专家的探索活动。科学研究是人类认识自然现象、揭示自然规律，获取新知识、新原理、新方法的研究活动，探索性很强，需要长期积累，且结果和进展往往难以预见，甚至有的研究选题和方向就难以达成共识。科学研究的特点决定了专业人才的"好奇心"

和探索精神是推动发展的基本力量，必须充分尊重和支持专业技术人才的智力创造活动，建立正确导向的激励机制和评价机制，营造良好的创新文化氛围，为专业技术人才自由探索、潜心研究和合作交流提供必要的科研设施和基础条件，让专业技术人才在中国能够乐于研究、乐于探索。要围绕人才的价值体现和社会认同，进一步营造鼓励创新创造的社会氛围，加强知识产权保护、完善社会诚信体系。

第二，加强知识产权保护和成果转化效率。要围绕人才的价值体现和社会认同，进一步营造鼓励创新创造的社会氛围，加强知识产权保护、完善社会诚信体系。政府通过立法进一步完善知识产权保护制度，加大知识产权执法力度，做到执法必严、违法必究，建立多维度创新协作模式，运用大数据及信息化平台，加快研发集成突破。

第三，建立政府与外籍人口的经常性沟通机制。例如，可以考虑在市委外事外宣工作领导小组的统一领导下，增设专门处室或者设专人负责此项工作。建立外籍人口工作联席会议，成员由市委外宣办、市公安局、市政府外办、市商务委员会等单位组成。定期召开外籍人口座谈会，听取相关部门改善涉外服务环境等方面的建议。每年可确定几个课题，对外籍人口集中反映的问题，如医疗、教育、出入境等方面开展深入调研。定期召开面向外籍人口的信息发布会。当前，针对市政建设施工造成的环境污染、噪声扰民等现象，通过新闻发布会或者英文媒体做好宣传解释工作。发挥外商的作用，推动商会成为政府和外资企业、外籍人口沟通的桥梁。扶持当地对外媒体的发展。优秀的对外媒体是国际化城市的重要标志。例如，上海外语频道和《上海日报》在节目编播、媒体覆盖率等方面已经做了大量的工作，取得了显著的成绩。但是，必须意识到，以外籍人口为对象的媒体，由于覆盖人群数量的限制，难以得到广告商的青睐。因此不能按照一般的媒体规律，完全用市场化方式运作，政府应该通过财税等政策予以重点扶持。

7.1.2　以自贸区为试点，辐射全市

部分城市可以考虑以自贸区为试点，以点到面，辐射全市。笔者基于吸引外资和外籍人口的视角，对自贸区建设提出以下三点建议：

第一，减少负面清单，给外资企业发展空间。在过去的市场管理中，政府一直采取正面清单管理。例如，自上海自贸区建设以来，政府也一直在寻求更加积极有效的市场管理模式。国际自贸区通行的"负面清单"管理模式被引入到上海自贸区的管理中，即"除了政府不允许的，其他企业都可以做"。这极大地给予了市场企业发展的空间。然而，上海自贸区的"负面清单"管理模式正处于起步阶段，上海市政府仍在摸索中。"负面清单"管理将对自贸区的发展起到关键作用，压缩负面清单，给市场更大的发展空间，将为自贸区吸引更多的外国企业和人才。但是，这并不意味着允许所有外籍人口和企业进入自贸区。自贸区还应做好外商投资准入管理工作，防止不利于内资企业发展的外商投资。同时，自贸区还应规范"负面清单"的内容，既能吸引大量外资企业在当地蓬勃发展，带动当地经济发展，又能尽可能地消除外资企业可能产生的负面影响。

第二，对外资企业给予更多优惠政策，建立高效透明的行政服务。自贸区除了对中外投资企业给予大量优惠政策以外，还必须放宽对外资企业准入的各种限制，扩大行业准入范围，简化准入程序，建立真正开放的经济，实现贸易和投资的深度自由化。除此之外，自贸区要做的不仅是吸引更多的外资企业，还要进一步吸引更多的跨国公司地区总部。在出台更多优惠政策的同时，政府还应提供高效透明的行政服务，避免不必要的规章制度限制外资企业的发展。

第三，完善自贸区基本服务设施，加强对外籍人口的服务和管理。除完善自贸区的市场管理外，还应完善自贸区周边的基本服务设施，加强对外籍人口的服务和管理。提高这部分外籍人口在当地的居住满意度，降低其离职率。随

着国际化程度的不断加深，科技创新中心和自贸区的建设带动了更多的外籍人口涌入。今后，各大城市的出入境管理局还应加大对外服务工作的深度和广度。一方面，下放管理服务职能，充分发挥基层管理的作用，不断延伸基层管理服务的内容；另一方面，把一些服务管理资源分散到郊区，随着外籍人口空间分布的变化，及时调整和调配资源。

7.1.3 优化环境，突破"瓶颈"

目前，我国各大城市在吸引外籍人才创新创业方面的现状喜忧参半。以上海为例：一方面，上海确立了科技创新中心的配套人才政策，鼓励外来人才创新创业。近年来，上海先后出台了《中共上海市委 上海市人民政府关于加快建设具有全球影响力的科技创新中心的意见》（以下简称"科技创新22条"），《关于深化人才工作体制机制改革促进人才创新创业的实施意见》（以下简称"人才20条"），《关于进一步深化人才发展体制机制改革加快推进具有全球影响力的科技创新中心建设的实施意见》（以下简称"人才30条"）。2023年结合上海近阶段出入境办证需求特点，上海公安出入境管理部门推出五项便民利企办证服务举措。开设未成年办证夜间专场、优化"一网通办"等22项服务。在这些政策的综合作用下，上海吸引全球创新创业人才的政策成效显著：重点园区在全球人才引进、创新孵化、创投融资、成果转化等方面加强环境优化；高校和科研院所加大了对全球人才的引进、培养、使用、考核，以及对国际创新人才的配套服务；代表性企业充分发挥在人才市场化使用和激励中的主体作用，以全球视野吸引全球创新创业人才。另一方面，尽管国外人才相关政策已经涵盖了外籍人口工作和生活的各个方面，政策越来越完善，并且优惠政策将对未来几年上海外籍人口的创新创业产生积极影响，但外籍人口政策缺乏顶层设计，导致政策无法全面有效实施。

参考上海的现状，笔者认为，当前我国部分城市（如上海）要突破外籍人才创新创业的关键"瓶颈"，可以从以下几方面进行改进：

第一，提高跨境居留的便利性，增加外籍人才的数量。包括保持外来人才存量和提高外来人才增量两条途径。在保持外籍人才存量方面，可以进一步放宽外籍创新创业人员的居留期限，扩大居留证件发放范围，让工作的外籍人口享受更稳定的长期居留预期。在提高外籍人才增量方面，可以简化外籍人口创新创业的入境和居留手续，从国外吸引外籍人才资源；支持外国留学生从中国高校毕业后直接在当地创新创业，吸引来华优秀高校留学生的智力资源，增加外籍人才的数量。

第二，对外籍高层次人才给予政策倾斜，提高外籍人才素质。对于一些具有丰富海外工作经验、熟悉国际规则和惯例、掌握核心技术、带动产业发展的高层次人才，不仅需要在与工作相关的收支方面提供便利，还要综合考虑从家庭安置、子女教育、医疗服务、科研基金等诸多方面支持人才引进。

第三，完善全球人才创新创业引进制度，优化创业环境。首先，积极争取国家支持，先行先试技术移民制度，建立技术移民评估、申请、受理、审批、认证等统一管理流程，优化海内外人才创新创业出入境环境。其次，围绕全球人民对创新创业的需求，在知识产权、法律服务、人才招聘等方面引进一批通晓国际规则、具有国际竞争力的高端中介服务机构。最后，构建与全球人才机制相适应的培养和支持机制。通过薪酬制度改革，建立全球人才推荐制度，吸引全球人才在当地创新创业。

第四，推动国际社区建设，改善全球人才生活服务环境。首先，国际社区普遍具有良好的区位优势，社区发展可以得到政府更多的支持，社区本身也蕴藏着丰富的经济资源、社会网络资源和文化资源。其次，针对外籍人才在公立医院存在沟通障碍的问题，启动双语诊疗项目，探索建立境外医保结算平台，增加外籍人才的就医选择。最后，针对外籍人才子女的教育，要重视基础教育的国际化进程。同时，要更加注重在普通学校开设国际课程，双语课程和双语班，为外籍人才子女提供类似"中国夏令营"的服务，从而促进第二代外籍人才的中文教育及其对中国城市的认可和融合。此外，针对住房成本偏高的问题，将探索进一步放开外籍人才的公租房政策，满足外籍人才不同层次的住房需求。

总体而言，各地政府应理顺外籍人才管理体制，优化制度安排，包括整合相关部门职能，强化统筹协调机制；完善基础信息平台建设，建立一站式、多语种的外籍人才管理服务窗口；统一的信息发布平台；进一步破解外籍人才事业发展的关键"瓶颈"，并积极发挥自身的创新能力和动力；营造更加规范的国际化营商环境；引进国际先进的创新创业理念和机制，充分保障工作自主权；制定更具竞争力的税费优惠政策，个税抵扣、补贴、成本支出返还，进行创业补贴、企业所得税补贴；针对外籍人才的特殊情况进行适当的政策调整；全面纳入中国科技研发、成果转化和股权激励制度；完善表彰奖励制度。重点针对外籍人才生活中遇到的突出问题，进一步营造更加舒适便利的生活环境。提供双语、多元文化的信息环境和更适合外籍人口生活的国际化环境；给予外籍人才更便捷的生活服务，促进社会融合；建立健全外籍人才跟踪服务机制；采取政府购买服务的方式，引导社会力量提供一站式服务和帮扶。

7.1.4　增强服务，强化管理

在全球化背景下，外籍人口的空间分布特征呈现出"大分散，小集聚"的特点，主要集中在中心城区和周边街镇，形成了分布的热点。外籍人口的空间集聚现象特殊性，带来了社会管理和融合的挑战。外籍人口集聚区域需要更有效的社会服务和管理措施，以促进国际社区的良性发展，对相应的服务管理资源进行合理的配置，以提升城市的国际竞争力和吸引力。为了契合外籍人口的空间分布特征，应加强国际化公共服务配套工程，并强化外籍人口集聚区域的社会管理。在服务与管理措施上，应加强集聚区域的社会融合。加快本地居民与外籍人口的融合，提供高品质的居住、教育和医疗设施。加快外籍人口集聚区域的基础设施建设，包括高品质住宅、教育和医疗设施，以促进外籍人口与本地居民的融合。同时，需要根据外籍人口的分布特点，合理配置服务管理资源，确保郊区外籍人口也能获得有效的服务管理。完善外籍人口子女的入学教育服务，提高教育服务的质量和覆盖范围，以增强外籍人口的居留意愿。此外，完善外籍人口的社会保障服务，加快社会保障的国籍接轨，与相关国家签署合作协议，确保外籍人口的社会保障问题得到妥善解决。警力配置与基层控制，在外籍人口集聚区域加强警力，确保社会安全和秩序。服务站点的设立，如上海市的"虹桥外国人管理服务站"等，提供便捷的服务管理。根据外籍人口的空间分布特征，合理配置服务管理资源，提高工作效率。例如，在外籍人口集聚的区域设立管理服务站，为外籍人口提供便利服务。

综上所述，国内城市应加强国际化公共服务配套工程和加强外籍人口集聚区域社会管理，需要从基础设施建设、教育和社会保障服务、服务管理资源合理配置等方面入手，以提升城市的国际竞争力和吸引力，建设社会主义现代化国际大都市。

7.1.5　文化交融，增进了解

要营造多元化、包容的社会文化环境，使外籍人口融入当地。国际化大都市都是开放的国际移民城市，我国部分城市（如上海）还有很大的上升空间。国际移民一直是推动城市社会发展的重要因素。从伦敦、纽约等国际大都市的经验来看，拥有开放、多元和包容的文化，是它们吸引世界各地、各段年龄和各种领域人才的重要原因。也正是有了这种人才的聚集，才成就了这些大都市。而我国各大城市目前在文化融合方面还有所欠缺，要努力营造多元化、包容的社会文化环境。

第一，建立文化服务机构。在外国人聚居的国际社区中建立相应的文化服务机构，帮助外籍人口了解当地文化、了解本地居民。例如，在中外等国家的传统节日期间，邀请本社区的中外居民，由精通外语的本地居民或精通中文的外国居民做志愿者，一起制作各国的传统美食，体验各国的文化。可通过免除一部分物业费等优惠手段吸引本社区的中外居民积极参与活动。通过增加中外居民的接触机会以及对其各个国家文化的了解程度来促进中外居民的彼此接纳与融入。第二，要积极推动文化艺术产业的发展，配合更开放的移民政策，努力吸引国际艺术家、演员等来到当地，努力成为国际艺术文化交流中心。第三，要改变市民对外籍人口的态度，营造一个友好的城市环境，欢迎不同背景的人才到来。境外居民特别是外籍居民，通常被视为外宾、外商，事实上，政府更应从"市民"的角度来处理与外籍居民的关系。

7.1.6　搭建平台，互动交流

相关问卷调查显示，虽然外籍人口与中国人交朋友的意愿强烈，但是他们在中国的朋友并不多。交友意愿和交友行为的分离体现出外籍人口在实际交友过程中遇到了很多现实阻碍。外籍人口大多选择聚居在国际社区，如上海的金桥街道、花木桥街道、古北街道等社区，其日常活动范围也仅限于此，因而平时经常接触和深入交往的中国人并不多。文化差异、语言隔阂等不同因素也使外籍人口在初期交友进展较为缓慢，往往同样国籍和文化背景的朋友占据主导地位。由此可见，外籍人口与本地人员之间存在隔膜，唯有打破隔膜，加深彼此的互动和了解，才能更好地促进交流。

一方面，缺乏交友平台是影响外籍人口在沪交友的重要阻碍因素。政府应当通过各种途径以扩展外籍人口的交友渠道，构建彼此沟通的桥梁来打破隔膜。在公共服务中，政府应鼓励国际社区与本地人社区开展社区活动，促进外籍人口与本地人的交流互动，在增强其社区归属感的同时给予更多的交往空间，建立坚固而稳定的感情维系。在组织线下交流活动的同时，构建线上的社交论坛和社交软件也是在网络社会中交友的重要途径。

　　另一方面，需要双向提高中外居民的语言能力。为了营造自如沟通的交流环境，成功留住外籍人才，必须提供更好的英语环境，特别是提高涉外公共服务政府部门、涉外窗口工作人员的跨文化交际能力和外语水平，让外籍人口更容易融入本地社区。同时，加强本地居民的英语水平，鼓励本地居民学习英语。对于出租车司机、商店营业员、企事业单位职员等服务人员来说，掌握英语这项技能已不仅仅是一种沟通手段，更是提升服务质量、带动经济发展的重要媒介。若要真正消除语言沟通障碍，除提升对外办事人员的英语沟通能力，还需要加强对外籍人口自身的汉语教育和培训，为其营造自如沟通的交际环境，提供生活工作的便利。应扩大汉语教学机构的规模，号召更多对外汉语志愿者进行汉语授课也不失为一种有效的措施。此外，政府需要发挥主导作用，与用人单位进行协调，推进和加强外籍人口的入职语言培训。

7.1.7　改革创新，完善制度

　　随着外籍人口与日俱增，如何管理好这一群体，需要政府和人民集思广益，目前中国的外国人管理体制是以公安部和外交部为主管部门，以教育、劳动和社会保障、商务、工商、旅游、民政等部门为辅助管理机关，分别就不同的外国人事务进行管理。外国人管理工作一般由出入境管理局负责，其中，在口岸办理外国人的入境签证及在内地办理已经入境的外国人申请再入境签证是其工作的重要板块，目前我国的入境签证要求一年办理一次，较高的办理频率让很多外国人感到烦琐，且办理一次的居住权限只有一年，从心理上使外籍人口较难融入中国社会。为了吸引和留住外籍人才，我国城市可以采取以下策略：

　　第一，借鉴国际经验，如美国的"绿卡"制度和欧盟的"蓝卡"制度，完善外籍人才引进的相关工作，探索长期居留和永久居留的制度，从政策上吸引并留住外籍人才，促进他们来当地工作和生活，以增加他们的长期居留意愿。

第二，采用日本的做法，为教授、学者等高水平人才提供 5 年期限的入境签证，而不是传统的 1 年签证，以鼓励他们在华从事长期研究。

第三，扩大高校外国留学生的规模，特别是高素质的外国留学生，缩小与纽约等城市的差距。政府应通过提供工作签证等措施，吸引并留住这些高素质人才。通过降低学费、提供奖学金等措施吸引他们，同时关注他们的就业去向，为他们提供工作签证等措施以留住这部分人才。

第四，为外籍华人提供咨询和服务平台，促进他们了解当地的发展，并吸引更多外籍华人回流。密切关注国际高技能移民的发展趋势，根据自身产业发展需求，吸引所需的外籍人才。

通过这些策略，我国城市将能够更好地吸引和利用外籍人才，推动其国际化进程，并在全球人才竞争中占据有利位置。

7.2　本章小结

全球化下国际移民数量持续增长，全球城市网络和国际移民动态趋势形成新格局，我国部分城市（如上海）成为外籍人口新的逐梦之地。然而，我国城市的国际化大都市路程还很长，在全球化人才背景下处于弱势地位。未来，如何吸引海外高端人才、企业高管和高知高技移民成为重要的研究议题。我国城市应从发展规划入手，部分城市可以自贸区为试点，实现逐步辐射，从优化政策环境、提高服务管理水平、促进文化交流、搭建沟通平台、完善管理制度等方面着手，逐步实现建设社会主义现代化国际大都市、具有全球影响力科技创新中心等远大目标。

第 8 章

研究结论与未来展望

8.1 研究结论

第一，本书将城市融入划分为六个维度后发现，外籍人口的测量指标体系与其他移民群体指标体系存在差异，上海外籍人口融入本地社会过程，并非简单向中等资产阶级看齐的单线性轨迹，而是一个漫长的、累积的、沿袭的多个因素共同作用的结果。其心理维度在心理需求上提出了更高的要求，体现了全球化人才竞争体系国际移民对高品质生活和个人自我价值实现的追求。而对生活的满意度、收入满意度、交往朋友类别、对中文了解程度、宗教活动、社会保障成为核心测量模型六个维度中较重要的评价指标，也是最重要的影响因素。

第二，在控制其他变量后，受教育情况对心理需求产生显著负向影响，对行为适应和社会建构产生显著正向影响，说明人力资本有助于外籍人口构建社会网络及行为适应，但不能满足其心理需求。居住时间对外籍人口经济整合存在正向影响，而对社会建构、文化认同和制度接纳产生负向影响。以上结论侧面反映上海仍在某些方面无法满足高端移民的要求，而外籍人口随居住时间的增长其经济整合也在提升，虽然其经济条件好，但是城市融入依旧较难，外籍人口与本地人在社会、文化和制度上所形成的"天窗"难以打破，将长期存在。从受教育程度来看，上海外籍人口大多数来自发达国家，平均受教育年限较高，高学历人口占有很大比重。因此，以高学历为主的上海外籍人口，通常举家迁移，携带家属子女来沪从商、就业或学习，对国际教育等相应的服务具有一定的需求。从居住时间来看，外籍人口在上海平均居住时间较短，以两年至五年的人数最多。外籍人口的流动性较大，全球化人才竞争背景下的上海相对处于弱势，如何提升外籍人口城市融入，成为吸引留住人才的关键，也是管理服务好外籍人口，提升上海国际化建设最主要问题。

第三，传统的"熔炉论"，及后来衍生发展的"边疆熔炉论""三重熔炉论"和"变形炉论"等，其共有的认知都是弱势文化民族在西方强势文化民族中逐渐舍弃自身的民族文化特色，而被西方文化所同化的过程。随着社会进步，世界格局变化，发达国家社会对非主流文化的宽容使"多元化"成为可能。不同种族和族裔群体越来越多地倾向于从本种族和族裔中寻找文化身份。这给了上海外籍人口城市融入解释的空间。但"多元论"强调了各移民文化在交汇中相互独立，不承认文化的互动和互补，强调了全体人，包括基本生活权利以及政治、文化、教育、宗教等权利的平等。之后发展的区隔融合论和新融合论强调了个人人文和社会资本与宏观场景的互动，提出多种融合路径，在保存自己文化并不意味不愿融入主流社会。移民在维持原有文化价值的同时也会在新的定居地重新塑造其身份认同、价值观念，从而有助于形成多元化的社会和经济秩序。从"同化论"和"多元论"理论视角来看，上海外籍人口城市融入并不属于"同化论"，其主要归属于"多元论"，但对多元论范畴有所深化，体现了全球化进程中国际移民个人发展与城市发展之间"求同存异，和而不同"的协同共赢融入特征。上海的外籍人口城市融入主要为面向信息化社会、全球化社会概念的模式，他们更以"国际人"身份认同，把在上海生活和工作经历作为其个人事业发展的重要阶段。全球化时代也为在沪外籍人口提供了全球权利意识，在自主性和个体的权利层面获得事实上和法理上的承认，他们把个人的全球化发展与城市全球化进程紧密相连，也使其在上海的城市融入过程与上海社会主义现代化国际大都市建设同步发展。他们在城市建设中体现出个人自我实现价值，更愿意以国际惯例行事和制约，这种以全球范式为标准，并承认文化或制度上的互补互动，"和而不同"并"求同存异"的多元文化更能体现出在沪外籍人口城市融入的代表性特征。其不仅体现外籍人口心理层面自我实现的价值观，更体现了"人"与"城"和谐共进的国际移民城市融入新范式，也只有遵循这种融入范式，上海才能吸引、留住并用好外籍人才，管理好和服务好外籍人口。

8.2 研究不足与未来展望

8.2.1 研究不足

本书虽然从经济、行为、心理、文化等六个维度对在沪外籍人口进行了深入研究，取得了一定的研究成果，但由于受数据和方法的限制，也存在以下不足之处：

一是本书基于全球化进程下外籍人口城市融入展开研究的，由于外籍人口群体具有异质性很高的特征，虽然本书的样本量已经满足定量研究的基本要求，选用的研究方法也很好地解决了这个问题，但是要深入掌握国际人口行为特征和影响因素，应进一步加大样本资料的收集。

二是本书的研究对象为外籍人口，由于笔者对社会学研究范式理解有限，对资料挖掘不够深入，因此质性研究部分只能是探索性的，仅为定量研究部分的补充和说明，这有待于进一步加强。

三是由于学术界对外籍人口城市融入研究较少，再加上调研时间、各方面资源的限制，本书仅先为外籍人口城市融入提出了较为宏观的方向性对策建议，更深层次的建议有待于今后继续深入研究。

8.2.2　未来展望

外籍人口研究是非常有意义和有趣的，但因目前的知识积累、理论素养、研究能力及现有资料等问题，期待今后能进一步完善和深入探究。

一是进一步收集外籍人口纵向数据，充分分析外籍人口的城市融入状况随地域、时间变化而呈现的动态演化。例如，通过比较在沪不同区的外籍人口的城市融入状况是否有差异、差异在哪里，来分析外籍人口的城市融入；或在积累纵向数据后，比较不同时间段的外籍人口城市融入变化情况或趋势。

二是本书的定性研究部分未充分建立一个有效的分析框架，因而论述比较分散，只有建立一个合理的分析框架，才能用深度的定性研究来解释定量分析无法呈现的外籍人口的行为动机等。

参考文献

［1］ Abel G J, Cohen J E. Bilateral International Migration Flow Estimates for 200 Countries ［J］. Scientific Data, 2019, 6 （1）: 82.

［2］ Adams R H, Page J. Do International Migration and Remittances Reduce Poverty in Developing Countries? ［J］. World Development, 2005, 33 （10）: 1645–1669.

［3］ Albar M-J, Camacho C, García-Ramírez M, et al. Contribuciones de la Psicología de la Liberación a la Integración de la Población Inmigrante ［J］. Psychosocial Intervention, 2010, 19 （3）: 223–234.

［4］ Bauer T K, Million A, Rotte R, et al. Immigration Labor and Workplace Safety ［Z］. Iza Discussion Papers, 1998.

［5］ Baumgratz G, Shaw G. Mobility in Higher Education: Cross – Cultural Communication Issues ［J］. European Journal of Education, 1993, 28 （3）: 327–338.

［6］ Beaverstock J V. Transnational Elites in the City: British Highly-Skilled Inter-Company Transferees in New York City's Financial District ［J］. Journal of Ethnic and Migration Studies, 2005, 31 （2）: 245–268.

［7］ Berry J W. Immigration, Acculturation, and Adaptation ［J］. Applied Psychology, 1997, 46 (1): 5-34.

［8］ Braun M. Foreign Language Proficiency of Intra-European Migrants: A Multilevel Analysis ［J］. European Sociological Review, 2010, 26 (5): 603-617.

［9］ Castles S. Migration and Community Formation under Conditions of Globalization ［J］. The International Migration Review, 2002, 36 (4): 1143-1168.

［10］ Chiswick B R, Miller P W. Ethnic Networks and Language Proficiency among Immigrants ［J］. Journal of Population Economics, 1996, 9 (1): 19-35.

［11］ Cohen E, Datar M, Fujiwara S, et al. Finding Interesting Associations without Support Pruning ［J］. Proceedings of the 16th International Conference on Data Engineering, 2000: 489-500.

［12］ Cutler D M, Glaeser E L, Vigdor J L. Is the Melting Pot Still Hot? Explaining the Resurgence of Immigrant Segregation ［J］. The Review of Economics and Statistics, 2008, 90 (3): 478-497.

［13］ De Swaan A. The Evolving European Language System: A Theory of Communication Potential and Language Competition ［J］. International Political Science Review, 1993, 14 (3): 241-255.

［14］ Diener E, Diener M. Cross-Cultural Correlates of Life Satisfaction and Self-Esteem ［J］. Journal of Personality and Social Psychology, 1995, 68 (4): 653-663.

［15］ Docquier F, Faye O, Pestieau P. Is Migration a Good Substitute for Education Subsidies? ［J］. Journal of Development Economics, 2008, 86 (2): 263-276.

［16］ Doeringer P B, Piore M J. Internal Labor Markets and Manpower Analysis ［M］. New York: Routledge, 1985.

［17］Dunn J R, Dyck I. Social Determinants of Health in Canada's Immigrant Population: Results from the National Population Health Survey ［J］. Social Science & Medicine, 2000, 51（11）: 1573-1593.

［18］Ehrenreich B, Hochschild A R. Global Woman: Nannies, Maids, and Sex Workers in the New Economy ［M］. New York: Henry Holt, 2004.

［19］Entzinger H B. The Netherlands ［M］ // Hammar T. In: European Immigration Policy: A Comparative Study. Cambridge: Cambridge University Press, 1985: 50-88.

［20］Featherstone M. Undoing Culture: Globalization, Postmodernism and Identity ［M］. London: Sage Publications, 1995.

［21］Findlay A M, Li F L N, Jowett A J, et al. Skilled International Migration and the Global City: A Study of Expatriates in Hong Kong ［J］. Transactions of the Institute of British Geographers, 1996, 21（1）: 49-61.

［22］Goldscheider C. Urban Migrants in Developing Nations: Patterns and Problems of Adjustment ［M］. Boulder: Westview Press, 1983.

［23］Gordon M M. Assimilation in American Life: The Role of Race, Religion, and National Origins. ［M］. Oxford: Oxford University Press, 1964.

［24］Granovetter M. Economic Action and Social Structure: The Problem of Embeddedness ［J］. American Journal of Sociology, 1985, 91（3）: 481-510.

［25］Grogger J, Hanson G H. Income Maximization and the Selection and Sorting of International Migrants ［J］. Journal of Development Economics, 2011, 95（1）: 42-57.

［26］Hempstead K. Immigration and Native Migration in New York City, 1985-1990 ［J］. Population Research and Policy Review, 2003, 22（4）: 333-349.

[27] Hwang S-S, Saenz R, Aguirre B E. Structural and Individual Determinants of Outmarriage Among Chinese-, Filipino-, and Japanese-Americans in California [J]. Sociological Inquiry, 1994, 64 (4): 396-414.

[28] Iceland J, Scopilliti M. Immigrant Residential Segregation in U. S. Metropolitan Areas, 1990-2000 [J]. Demography, 2008, 45 (1): 79-94.

[29] Iredale R. The Migration of Professionals: Theories and Typologies [J]. International Migration, 2001, 39 (5): 7-26.

[30] Itzigsohn J. Immigration and the Boundaries of Citizenship: The Institutions of Immigrants' Political Transnationalism [J]. The International Migration Review, 2000, 34 (4): 1126-1154.

[31] Jeanty P W, Partridge M, Irwin E. Estimation of a Spatial Simultaneous Equation Model of Population Migration and Housing Price Dynamics [J]. Regional Science and Urban Economics, 2010, 40 (5): 343-352.

[32] Jennissen R. Causality Chains in the International Migration Systems Approach [J]. Population Research and Policy Review, 2007, 26 (4): 411-436.

[33] Joppke C. Immigration and the Identity of Citizenship: the Paradox of Universalism [J]. Citizenship Studies, 2008, 12 (6): 533-546.

[34] Junger-Tas J. Ethnic Minorities and Criminal Justice in the Netherlands [J]. Crime and Justice, 1997 (21): 257-310.

[35] Lambert D M, Clark C D, Wilcox M D, et al. Do Migrating Seniors Affect Business Establishment and Job Growth? An Empirical Look at Southeastern Nonmetropolitan Counties, 2000 - 2004 [J]. The Review of Regional Studies, 2007, 37 (2): 251-278.

[36] Le A T. The Determinants of Immigrant Self-Employment in Australia [J]. International Migration Review, 2000, 34 (1): 183-214.

［37］ Lichter D T, Johnson K M. Immigrant Gateways and Hispanic Migration to New Destinations ［J］. International Migration Review, 2009, 43 （3）: 496－518.

［38］ Logan J R, Stults B J, Farley R. Segregation of Minorities in the Metropolis: Two Decades of Change ［J］. Demography, 2004, 41 （1）: 1－22.

［39］ Luken V D M, Tranmer M. Personal Support Networks of Immigrants to Spain: A Multilevel Analysis ［J］. Social Networks, 2010, 32 （4）: 253－262.

［40］ Mahroum S. Scientific Mobility: An Agent of Scientific Expansion and Institutional Empowerment ［J］. Science Communication, 2000, 21 （4）: 367－378.

［41］ Malmusi D, Borrell C, Benach J. Migration－related Health Inequalities: Showing the Complex Interactions Between Gender, Social Class and Place of Origin ［J］. Social Science & Medicine, 2010, 71 （9）: 1610－1619.

［42］ Massey D S, Gross A B, Shibuya K. Migration, Segregation, and the Geographic Concentration of Poverty ［J］. American Sociological Review, 1994, 59 （3）: 425－445.

［43］ Massey D S. The Real Crisis at the Mexico－U. S. Border: A Humanitarian and Not an Immigration Emergency ［J］. Sociological Forum, 2020, 35 （3）: 787－805.

［44］ Morawa E, Erim Y. Acculturation and Depressive Symptoms among Turkish Immigrants in Germany ［J］. International Journal of Environmental Research and Public Health, 2014, 11 （9）: 9503－9521.

［45］ Moztarzadeh A, O'Rourke N. Psychological and Sociocultural Adaptation: Acculturation, Depressive Symptoms, and Life Satisfaction Among Older Iranian Immigrants in Canada ［J］. Clinical Gerontologist, 2015, 38 （2）: 114－130.

［46］ Nauck B. Intercultural Contact and Intergenerational Transmission in Immigrant Families [J]. Journal of Cross-Cultural Psychology, 2001, 32 (2): 159-173.

[47] Nee V, Alba R. Response to Reviews of Remaking the American Mainstream [J]. City & Community, 2004, 3 (4): 433-436.

[48] Ong A. Globalization and New Strategies of Ruling in Developing Countries [J]. Études Rurales, 2002 (163/164): 233-248.

[49] Ouaked S. Transatlantic Roundtable on High – skilled Migration and Sending Countries Issues [J]. International Migration, 2002, 40 (4): 153-166.

[50] Park R E. Human Migration and the Marginal Man [J]. American Journal of Sociology, 1928, 33 (6): 881-893.

[51] Portes A, Zhou M. The New Second Generation: Segmented Assimilation and its Variants. [J]. The ANNALS of the American Academy of Political and Social Science, 1993, 530 (1): 74-96.

[52] Portes A. Migration and Social Change: Some Conceptual Reflections [J]. Journal of Ethnic and Migration Studies, 2010, 36 (10): 1537-1563.

[53] Poulsen M, Johnston R, Forrest J. Intraurban Ethnic Enclaves: Introducing a Knowledge – Based Classification Method [J]. Environment and Planning A: Economy and Space, 2001, 33 (11): 2071-2082.

[54] Qian Z C. The Influence of Culture on Pro – Environmental Activities: Comparing English, French and Italian Canadians [D]. Montreal: Concordia University, 2001.

[55] Ruhs M, Martin P. Numbers vs. Rights: Trade-Offs and Guest Worker Programs [J]. International Migration Review, 2008, 42 (1): 249-265.

[56] Runblom H. Swedish Multiculturalism in a Comparative European Perspective [J]. Sociological Forum, 1994, 9 (4): 623-640.

［57］Schiller N G，Çağlar A. Locating Mgrant Pathways of Economic Emplacement：Thinking beyond the Ethnic Lens ［J］. Ethnicities，2013，13（4）：494-514.

［58］Soehl T, Waldinger R. Inheriting the Homeland? Intergenerational Transmission of Cross-Border Ties in Migrant Families ［J］. American Journal of Sociology，2012，118（3）：778-813.

［59］Tseng Y-F. Beyond "Little Taipei"：The Development of Taiwanese Immigrant Businesses in Los Angeles ［J］. The International Migration Review，1995，29（1）：33-58.

［60］Tyner J A. Global Cities and Circuits of Global Labor：The Case of Manila，Philippines ［J］. The Professional Geographer，2000，52（1）：61-74.

［61］Wallerstein I. The Modern World-System：Capitalist Agriculture and the Origins of the European World-Economy in the Sixteenth Century ［M］. New York：Academic Press，1974.

［62］Waterman S, Kosmin B A. Residential Patterns and Processes：A Study of Jews in Three London Boroughs ［J］. Transactions of the Institute of British Geographers，1988，13（1）：79-95.

［63］Yeoh B S A, Graham E, Boyle P J. Migrations and Family Relations in the Asia Pacific Region ［J］. Asian and Pacific Migration Journal，2002，11（1）：1-11.

［64］Zhou M, Tseng Y-F, Kim RY. Rethinking Residential Assimilation：The Case of a Chinese Ethnoburb in the San Gabriel Valley，California ［J］. Amerasia Journal，2008，34（3）：55-83.

［65］伯格，卢克曼. 现实的社会建构：知识社会学论纲 ［M］. 吴肃然，译. 北京：北京大学出版社，2019.

［66］曾少聪. 美国华人新移民与华人社会 ［J］. 世界民族，2005（6）：

45-52.

　　[67] 陈常花，朱力．知识型移民的社会适应优势 [J]．南方人口，2008，23（4）：30-37.

　　[68] 陈丁生．外国人在中国永久居留审批制度研究 [D]．大连海事大学硕士学位论文，2014.

　　[69] 陈映芳．"农民工"：制度安排与身份认同 [J]．社会学研究，2005（3）：119-132+244.

　　[70] 陈云松，张翼．城镇化的不平等效应与社会融合 [J]．中国社会科学，2015（6）：78-95+206-207.

　　[71] 程慧平，万莉．学术期刊评价指标结构研究——基于结构方程模型 [J]．情报杂志，2014，33（11）：113-116+123.

　　[72] 程路，陈宇鹏．国际贸易商人的社会融入机制研究——以浙江省义乌市 JMS 社区为例 [J]．赤峰学院学报（自然科学版），2012，28（4）：62-64.

　　[73] 褚清华，杨云彦．农民工社会融合再认识及其影响因素分析 [J]．人口与发展，2014，20（4）：28-36.

　　[74] 崔岩．流动人口心理层面的社会融入和身份认同问题研究 [J]．社会学研究，2012，27（5）：141-160+244.

　　[75] 段成荣，谢东虹，王涵，等．从新冠肺炎疫情防控看国际人口迁移：三论人口迁移转变 [J]．人口研究，2020，44（5）：33-43.

　　[76] 方晔．我国境外人员管理模式的探索 [J]．上海公安高等专科学校学报，2006（2）：57-60+68.

　　[77] 方英，梁柠欣．外籍人聚居区分布规律及其影响因素——以广州为例的研究 [J]．广州大学学报（社会科学版），2010，9（10）：48-54.

　　[78] 风笑天．"落地生根"？——三峡农村移民的社会适应 [J]．社会学

研究，2004（5）：19-27.

　　［79］甘继刚．在华外国人永久居留权制度研究［D］．湖南师范大学硕士学位论文，2013.

　　［80］高向东，朱蓓倩．多元文化背景下特定社会群体城市融入问题研究［J］．中国城市研究，2013（6）：39-45

　　［81］高向东，李芬．大城市少数民族流动人口城市融入指标体系构建研究［J］．人口与社会，2018，34（4）：33-41.

　　［82］高向东，郑敏，孙文慧．上海市人口结构空间分布的模型分析［J］．中国人口科学，2006（3）：61-66+96.

　　［83］高子平．我国外籍人才引进与技术移民制度研究［M］．上海：上海社会科学院出版社，2012.

　　［84］高子平．海外科技人才回流意愿的影响因素分析［J］．科研管理，2012，33（8）：98-105.

　　［85］辜胜阻，李睿，曹誉波．中国农民工市民化的二维路径选择——以户籍改革为视角［J］．中国人口科学，2014（5）：2-10+126.

　　［86］郭志刚，陈功．从1995年1%人口抽样调查资料看北京从妻居婚姻［J］．社会学研究，1999（5）：96-106.

　　［87］韩瑞霞，徐剑，曹永荣，等．美国人对中国传统文化价值观认同度影响因素分析——基于一项对美国民众的国际调研［J］．上海交通大学学报（哲学社会科学版），2013，21（1）：52-58.

　　［88］汉斯·康克乐伍斯基，冯利民．国际社会保障发展新趋势［J］．中国社会保障，2013（12）：8-9.

　　［89］郝亚明．城市与移民：西方族际居住隔离研究述论［J］．民族研究，2012（6）：12-24+108.

　　［90］何波．北京市韩国人聚居区的特征及整合——以望京"韩国村"为

例 [J]. 城市问题，2008（10）：59-64.

[91] 何俊芳，石欣博. 义乌阿拉伯商人的社会融入探究 [J]. 西北民族研究，2020（3）：128-143.

[92] 何亚平. 上海国际化人口研究 [M]. 上海：华东师范大学出版社，2012.

[93] 侯杰泰，温忠麟，成子娟. 结构方程模型及其应用 [M]. 北京：教育科学出版社，2004.

[94] 胡晓鸣，刘丹，翁芳玲. 上海租界百年对城市发展的启示 [J]. 城市规划，2008（10）：50-54.

[95] 黄匡时，嘎日达. 社会融合理论研究综述 [J]. 新视野，2010（6）：86-88.

[96] 黄荣清. 在京外国人调查研究 [M]. 北京：中国书籍出版社，2012.

[97] 黄祖宏，高向东，朱晓林. 上海市外籍人口空间分布历史变迁研究 [J]. 南方人口，2013，28（3）：54-64.

[98] 黄祖宏，高向东. 基于 ESDA 的上海市常住境外人口空间分析 [J]. 人口与发展，2012，18（2）：48-53.

[99] 贾婧，柯睿. 流动人口子女教育机会的差异分解 [J]. 统计与决策，2021，37（15）：57-61.

[100] 景晓芬. 空间隔离及其对外来人口城市融入的影响研究——以西安市为例 [D]. 西北农林科技大学博士学位论文，2013.

[101] 李加莉，单波. 文化适应心理学研究的脉络与新走向 [J]. 理论月刊，2012（6）：49-52.

[102] 李景治，熊光清. 中国城市中农民工群体的社会排斥问题 [J]. 江苏行政学院学报，2006（6）：61-66.

［103］李明欢．"多元文化"论争世纪回眸［J］．社会学研究，2001（3）：99-105．

［104］李明欢．当代西方国际移民理论再探讨［J］．厦门大学学报（哲学社会科学版），2010（2）：5-12．

［105］李培林，田丰．中国新生代农民工：社会态度和行为选择［J］．社会，2011，31（3）：1-23．

［106］李其荣．国际移民对输出国与输入国的双重影响［J］．社会科学，2007（9）：38-49．

［107］李强，胡宝荣．户籍制度改革与农民工市民化的路径［J］．社会学评论，2013，1（1）：36-43．

［108］李庆．城市外籍人口管理研究——以广州为例［J］．城市观察，2013（3）：138-147+177．

［109］李若建．角动量效应：东北人口变动分析［J］．学术研究，2016（8）：2+55-62+177．

［110］李锡钦．结构方程模型：贝叶斯方法［M］．蔡敬衡，等译．北京：高等教育出版社，2011．

［111］李泽林．外籍人员参加社会保险面面观［N］．中国保险报，2011-06-23．

［112］李志刚，杜枫．中国大城市的外国人"族裔经济区"研究——对广州"巧克力城"的实证［J］．人文地理，2012，27（6）：1-6．

［113］梁波，王海英．国外移民社会融入研究综述［J］．甘肃行政学院学报，2010（2）：18-27+126．

［114］梁玉成，刘河庆．本地居民对外国移民的印象结构及其生产机制——一项针对广州本地居民与非洲裔移民的研究［J］．江苏社会科学，2016（2）：116-126．

[115] 梁玉成．在广州的非洲裔移民行为的因果机制——累积因果视野下的移民行为研究［J］．社会学研究，2013，28（1）：134-159+243-244.

[116] 林幸颖．嵌入性的社会意义——论格拉诺维特的经济行动与社会结构［J］．人民论坛，2011（26）：153-155.

[117] 刘传江，周玲．社会资本与农民工的城市融合［J］．人口研究，2004（5）：12-18.

[118] 刘斐然．文化差异对大学外籍人员管理工作中跨文化沟通的影响［J］．衡阳师范学院学报，2013，34（2）：138-143.

[119] 刘国福．中国国际移民的新形势、新挑战和新探索［J］．山东大学学报（哲学社会科学版），2015（1）：45-54.

[120] 刘建娥．乡-城移民（农民工）社会融入的实证研究——基于五大城市的调查［J］．人口研究，2010，34（4）：62-75.

[121] 刘琳．美国城市更新发展历程及启示［J］．宏观经济管理，2022（9）：83-90.

[122] 刘士林．从"富骄贫谄"到"富而好礼"与"穷者尚文"——对上海现代都市文化建构的社会心理考察与阐释［J］．上海师范大学学报（哲学社会科学版），2010，39（3）：36-43.

[123] 刘云刚，陈跃．广州日本移民族裔经济的形成及其社会空间特征［J］．地理学报，2014，69（10）：1533-1546.

[124] 陆淑珍．城市外来人口社会融合研究——基于珠江三角洲地区的分析［D］．中山大学博士学位论文，2012.

[125] 马学强，晏可佳．上海的外国人：1982~1949［M］．上海：上海古籍出版社，2003.

[126] 毛国民，刘齐生．欧洲移民发展报告2019：难民危机与移民融入［M］．北京：社会科学文献出版社，2019.

［127］茆诗松，汤银才．贝叶斯统计［M］．北京：中国统计出版社，2012.

［128］莫凡．国际人才培养刍议［J］．教育评论，2013（5）：18-20.

［129］潘泽泉，林婷婷．劳动时间、社会交往与农民工的社会融入研究——基于湖南省农民工"三融入"调查的分析［J］．中国人口科学，2015（3）：108-115+128.

［130］彭华民．社会排斥与社会融合———一个欧盟社会政策的分析路径［J］．南开学报，2005（1）：23-30+103.

［131］乔志强，赵晓华．中国早期资产阶级的价值观及其社会效应［J］．河北学刊，1997（4）：97-102.

［132］秦立建，陈波．医疗保险对农民工城市融入的影响分析［J］．管理世界，2014（10）：91-99.

［133］冉小毅．中国大陆的人口国际迁移［D］．华东师范大学博士学位论文，2007.

［134］任远，乔楠．城市流动人口社会融合的过程、测量及影响因素［J］．人口研究，2010，34（2）：11-20.

［135］任远，邬民乐．城市流动人口的社会融合：文献述评［J］．人口研究，2006（3）：87-94.

［136］任远．城市流动人口的居留模式与社会融合［M］．上海：上海三联书店，2012.

［137］上海大学课题组．在沪外籍人士工作生活状况调查报告［J］．科学发展，2015（9）：99-106.

［138］宋全成．欧洲的移民问题与欧洲一体化——以德国为例［J］．北京大学学报（哲学社会科学版），2002（1）：141-147.

［139］孙烨．外籍人士的社会融入状况——基于对上海市古北国际社区

的调查［D］．华东师范大学硕士学位论文，2010．

［140］佟新．全球化下的国际人口迁移［J］．中国人口科学，2000（5）：53-58．

［141］童星，马西恒．"敦睦他者"与"化整为零"——城市新移民的社区融合［J］．社会科学研究，2008（1）：77-83．

［142］汪明峰，程红，宁越敏．上海城中村外来人口的社会融合及其影响因素［J］．地理学报，2015，70（8）：1243-1255．

［143］王春光．农村流动人口的"半城市化"问题研究［J］．社会学研究，2006（5）：107-122+244．

［144］王桂新，沈建法，刘建波．中国城市农民工市民化研究——以上海为例［J］．人口与发展，2008（1）：3-23．

［145］王辉耀，苗绿，吴菲怡．BI 总报告 B.1 国际人口迁移中的中国移民发展现状与特点［C］//国务院，全球化智库（CCG），西南财经大学发展研究院，北京师范大学国际写作中心，北京师范大学经济与资源管理研究院，全球化智库（CCG）专项课题研究组，《中国国际移民报告（2020）》总报告，2020：51．

［146］王辉耀，苗绿，郑金连，等．国际人才流动与治理报告——以美国为枢纽分析［EB/OL］．CCG 全球化智库，［2024-06-11］．http：//www.ccg. org. cn/archives/85022．

［147］王济川，王小倩．结构方程模型：Mplus 与应用［M］．北京：高等教育出版社，2012．

［148］王君，周敏．中国新移民对子女教育的期望、挑战与应对策略——来自新加坡的个案研究［J］．广西民族大学学报（哲学社会科学版），2021，43（6）：16-21．

［149］王名，杨丽．国际化社区治理研究——以北京市朝阳区为例［J］．

北京社会科学, 2011 (4): 63-69.

[150] 王文彬, 曹洋. 国际移民的差异性网络构建及融入效用发挥——基于 SFRC (2018) 长春样本的分析 [J]. 青年探索, 2019 (5): 5-18.

[151] 王晓虎. 浦东新区外籍人口集聚与国际社区建设 [D]. 复旦大学硕士学位论文, 2011.

[152] 位秀平, 杨磊. 国际移民理论综述 [J]. 黑河学刊, 2014 (1): 3-5.

[153] 魏晨. 新生代农民工的城市社会融入研究 [J]. 湖北广播电视大学学报, 2007 (2): 66-67.

[154] 魏浩, 王宸, 毛日昇. 国际间人才流动及其影响因素的实证分析 [J]. 管理世界, 2012 (1): 33-45.

[155] 魏华颖. 北京吸引国际人才对策探析 [J]. 人口与经济, 2011 (2): 92-94.

[156] 文波. 全球化背景下大学生的文化认同与文化适应探析 [J]. 教育探索, 2012 (9): 13-14.

[157] 吴前进. 跨国主义: 全球化时代移民问题研究的新视野 [J]. 国际观察, 2004 (3): 55-58.

[158] 吴文恒, 李同昇, 朱虹颖, 等. 中国渐进式人口市民化的政策实践与启示 [J]. 人口研究, 2015, 39 (3): 61-73.

[159] 肖爱斌, 许萍. 多元文化背景下外籍读者信息使用与需求调研分析 [J]. 图书馆建设, 2011 (5): 37-46.

[160] 熊安邦. 在华就业外国人参加我国社会保险的法律问题 [J]. 劳动保障世界 (理论版), 2013 (11): 31-32.

[161] 熊贵彬. 外籍员工参加我国社会保险困境分析 [J]. 湖北社会科学, 2013 (11): 57-59.

[162] 熊欧. MA（q）模型的贝叶斯分析 [D]. 西南交通大学硕士学位论文，2007.

[163] 熊月之. 多元文化视野下的和谐社会 [M]. 上海：上海书店出版社，2006.

[164] 徐剑，曹永荣. 外国人在华宗教行为及特征——基于上海国际社区的实证调查 [J]. 上海交通大学学报（哲学社会科学版），2013，21（2）：29-36.

[165] 杨聪敏. 新生代农民工的"六个融合"与市民化发展 [J]. 浙江社会科学，2014（2）：71-77+157.

[166] 杨晖，江波. 加强西安市农民工社会融合的对策研究 [J]. 西北大学学报（哲学社会科学版），2009，39（6）：94-101.

[167] 杨菊华. 流动人口在流入地社会融入的指标体系——基于社会融入理论的进一步研究 [J]. 人口与经济，2010（2）：64-70.

[168] 杨黎源. 外来人群社会融合进程中的八大问题探讨——基于对宁波市 1053 位居民社会调查的分析 [J]. 宁波大学学报（人文科学版），2007（6）：65-70.

[169] 杨琳琳. 在华外籍人才跨文化管理研究——以上海市为例 [D]. 云南财经大学硕士学位论文，2014.

[170] 杨盛海，曹金波. 失地农民市民化的瓶颈及对策思路 [J]. 广西社会主义学院学报，2005（2）：31-34.

[171] 杨绪松. 坚定不移走新型城市化道路 [J]. 特区实践与理论，2012（3）：1+55-58+62.

[172] 岳经纶，尤泽锋. 在华国际移民能享受社会福利吗？——基于公众福利态度的分析 [J]. 华南师范大学学报（社会科学版），2020（1）：134-145+192.

[173] 悦中山．农民工的社会融合研究：现状、影响因素与后果［D］．西安交通大学博士学位论文，2011.

[174] 张国胜．农民工市民化的城市融入机制研究［J］．江西财经大学学报，2007（2）：42-46.

[175] 张惠德，陆晶．国家主权相对性：外国人管理的理论依据［J］．中国人民公安大学学报（社会科学版），2012，28（6）：93-98.

[176] 张丽娜，朴盛镇，郑信哲．多民族、多国籍的城市社区研究——以北京市望京地区为主线［J］．大连民族学院学报，2009，11（2）：113-117.

[177] 张文宏，雷开春．城市新移民社会融合的结构、现状与影响因素分析［J］．社会学研究，2008（5）：117-141+244-245.

[178] 张言彩．结构方程模型的 Gibbs 抽样与贝叶斯估计［J］．统计与决策，2009（6）：23-25.

[179] 赵春玮．外国人入出境管理制度研究［D］．中国政法大学硕士学位论文，2007.

[180] 赵立新．城市农民工市民化问题研究［J］．人口学刊，2006（4）：40-45.

[181] 赵萱．中小学外籍学生随班就读的现状与分析——基于上海市11所学校的考察［J］．上海教育科研，2011（3）：28-30+21.

[182] 赵延东，Jon Pedersen．受访者推动抽样：研究隐藏人口的方法与实践［J］．社会，2007（2）：192-205+208.

[183] 郑杭生．农民市民化：当代中国社会学的重要研究主题［J］．甘肃社会科学，2005（4）：4-8.

[184] 周皓．流动人口社会融合的测量及理论思考［J］．人口研究，2012，36（3）：27-37.

[185] 周武．近代口岸社会再认识——晚清上海城市社会变迁的几个问

题［J］. 学术月刊，2013，45（2）：155-164.

［186］周武. 开放传统与上海城市的命运［J］. 史林，2003（5）：13-25+123.

［187］朱蓓倩，高向东，陶树果. 新型户籍制度下特大城市人口调控的博弈研究——以上海为例［J］. 浙江工商大学学报，2016（2）：111-117.

［188］朱蓓倩，高向东. 上海科技人力资源配置与耦合协调度研究［J］. 科技进步与对策，2016，33（5）：139-143.

［189］朱慧明，曾惠芳，郝立亚. 基于MCMC的贝叶斯变结构金融时序GARCH模型研究［J］. 数理统计与管理，2011，30（6）：1009-1017.

［190］朱力. 论农民工阶层的城市适应［J］. 江海学刊，2002（6）：82-88+206.

［191］朱晓林. 上海常住外籍人口的现状特征分析［D］. 华东师范大学硕士学位论文，2013.

［192］邹依仁. 旧上海人口变迁的研究［M］. 上海：上海人民出版社，1980.

［193］邹振环. 晚清上海的国际移民与海派文化的多元组合［J］. 探索与争鸣，1997（4）：32-33.